Gastronomia, Ciência e Arte

Angélica Vitali

Gastronomia, Ciência e Arte

Técnicas, ingredientes, equipamentos e receitas de gastronomia molecular

1ª edição 2021
São Paulo, SP

Gastronomia, Ciência e Arte

Copyright© Angélica Vitali, 2021

Fotos	Angélica Vitali Sandra Leandro	*Patrocinadores*	Gelita Impram Lio Sabores Nova Página
Ilustrações	Angélica Vitali Rachel Mack		
Diagramação	Erika Woelke www.canal6editora.com.br		

Dados Internacionais de Catalogação na Publicação (CIP)
(Benitez Catalogação Assessoria Editorial)

V822g   Vitali, Angélica
1.ed.   Gastronomia, ciência e arte : técnicas, ingredientes, equipamentos e receitas de gastronomia molecular / Angélica Vitali. 1.ed. – São Paulo: Gastrô Brasil, 2021.
         212 p.; il.; 27 cm.

         Bibliografia.
         ISBN 978-65-994638-0-8

         1. Culinária. 2. Gastronomia - utensílios. 3. Gastronomia molecular. 4. Gastronomia - técnicas. 5. Receitas. I. Título.

03-2021/45   CDD 641.013

Índice para catálogo sistemático:
1. Gastronomia molecular : Técnicas   641.013

Bibliotecária responsável: Aline Graziele Benitez CRB-1/3129

Todos os direitos reservados. Nenhuma parte desta edição pode ser utilizada ou reproduzida — em qualquer meio ou forma, seja mecânico ou eletrônico, fotocópia, gravação etc. — nem apropriada ou estocada em sistema de banco de dados, sem a expressa autorização da autora.

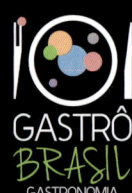

Gastrô Brasil Gastronomia
Calçada das Bétulas – Alphaville Comercial, Barueri/SP
11.4193.1077 · www.gastrobrasil.com.br

Dedico este livro as "minhas mulheres", a minha avó Carmen Paixão (em memória), a mulher mais linda e carinhosa que conheci na vida, a minha mãe Meire Paixão, que me deu a vida e me inspira com sua alegria imensurável de viver, a minha tiamãe Marisa Paixão a quem me inspirei a estudar e também a escrever esse livro, a minha titia Olimpia Noronha, a quem o amor nos uniu como tia e sobrinha para sempre, a minha tia Miriam Paixão, uma mulher guerreira que nunca fugiu a luta e, é claro, a minha maior incentivadora, minha amiga, companheira e amor da minha vida, Laila Amazonas.

Minhas meninas, obrigada por estarem comigo sempre, por serem minhas maiores incentivadoras e minhas maiores fontes de inspiração. Amo vocês.

Angélica Vitali

SUMÁRIO

PREFÁCIO 11

INTRODUÇÃO 13

GASTRONOMIA MOLECULAR – GASTRONOMIA MODERNA 14
Século XVIII 14
Século XIX 15
Século XX 16
O que é Gastronomia Molecular?... 17
Evolução da Gastronomia Molecular 18

PIONEIROS E PRATICANTES 20

INGREDIENTES – HIDROCOLÓIDES 26
Agar 27
Alginato de Sódio 28
Carragena Iota 28
Carragena Kappa 29
Gelatina 30
Goma arábica 31
Goma Gelano 32
Goma guar 32
Goma xantana 32
Konjac 33
Lecitina de soja 33
Metilcelulose 34
Pectina 34
Sucro 35

INGREDIENTES – AÇÚCARES, ANTIOXIDANTES, SAIS E OUTROS 36
Dextrose 36
Frutose 37
Isomalte 37
Sucralose 38
Ácido cítrico 38
Ácido ascórbico 39
Gluconolactato de cálcio (sais de cálcio) 39
Glice 40
Maltodextrina N-Zorbit 40
Nitrogênio líquido 41
Obulato 42
Ultra-Sperse® 42
Transglutaminase 43

EQUIPAMENTOS 46

Mixer 46
Thermomix 46
Balança de precisão 47
Termômetro com infravermelho .. 47
Embaladora a vácuo 48
Maçarico 48
Defumador instantâneo 49
Termocirculador 49
Bisnagas 50
Aromatizador instantâneo 50
Formas de silicone 50
Sifão para espuma 51
Desidratador 51
Pacojet 52
Fogão de indução 52
Copos e colheres medidores 53
Colher esferificação 53
Refratômetro 53
Seladora para produtos comestíveis 54
Cilindro de nitrogênio 54
Nitro bowl 54
Pipetas 55
Bomba de aquário 55
Seringas 56
Caviar box 56
Anti-Griddle 56
Medidor de pH 57

TÉCNICAS 60

Esferificação 60
Gelificação 65
Géis 67
Ares e Espumas 67
Defumação instantânea 72
Colagem de proteína 73
Infusão rápida 75
Desidratação 76
Liofilização 77
Fermentação 80
Criogenia 81
Outras transformações 82

RECEITAS 86

Aroma 86
Textura 87
Sabor 87

1. Caviar de Tomate 88
2. Caviar de Coentro 90
3. Esfera de Morango 92
4. Esfera de Iogurte 94
5. Esfera de Manga 96
6. Caipirito Esférico 98
7. Pamonha Multi-Esférica 100
8. Saquerinha de Framboesa 102
9. Espaguete de Cenoura 104
10. Espaguete de Frutas 106
11. Pirulito de Queijo de Cabra .. 108
12. Folhas Crocantes 110
13. Torta de Limão Transparente .. 112
14. Ovo Pochê de Coco 114
15. Folha Maracujá 116
16. Telha de Pitaia 118
17. Suspiro Salgado 120
18. Suspiro de Framboesa 122
19. Gelatina de Azeite 124

20. Bombom de Foie Gras 126
21. Talharim de Camarão 128
22. Ar de Molho de Soja 130
23. Ar de Parmesão 132
24. Espuma de Coco com Gengibre 134
25. Cappuccino de Cogumelos ... 136
26. Esponja de Chocolate 138
27. Alfajor Gelado 140
28. Uva Carbonatada 142
29. Vinagre de Framboesas 144
30. Ostras em Infusão de Gin e Caviar de Azeite 146
31. Drink em Camadas 148
32. Peras ao Vinho 150
33. Sashimi (Salmão e Tilápia) ... 152
34. Linguiça de Peixe 154
35. Framignon 156
36. Azeite Encapsulado 158
37. Bombom de Milho Crocante .. 160
38. Azeite em Pó 162
39. Suspiro de Tomate 164
40. Torrone de Salgado 166
41. Pedras de Batata 168
42. Purê de Kiwi 170
43. Nhoque Frio de Queijo 172
44. Rolinho de Amora 174
45. Bala de Goma de Framboesa ..176
46. Geléia de Maracujá 178
47. Snack de Molho de Soja 180
48. Saquinho de Milho 182
49. Temaki de Atum 184

50. Pedras de Manga com Chocolate 186
51. Bolachinhas de Frutas 188
52. Manteiga de Azeite 190
53. Maionese de Pistache 192
54. Pedras de Iogurte 194
55. Sorvete de Caipirosca de Maracujá 196
56. Morango com Açúcar Explosivo 198
57. Estalinhos de chocolate 200
58. Chips de Salmão 202

GLOSSÁRIO 204

ONDE ENCONTRAR 212

REFERÊNCIAS 213

PREFÁCIO

No século 21, houve um fenômeno no mundo da gastronomia que mesclou pesquisa, inovação, imaginação, criatividade e também desenvolvimento tecnológico. Toda uma série de ações conjuntas que vêm sendo realizadas entre chefs, tecnólogos e cientistas de diferentes áreas do conhecimento. A cozinha adquiriu uma identidade própria e tem se beneficiado de contribuições de diferentes áreas do conhecimento, da ciência à arte. E neste momento está acontecendo outra revolução que afeta diretamente a cozinha, a sustentabilidade e tudo o que está associado.

Dentro desta complexidade em que vivemos, pessoas como **Angélica Vitali** são essenciais para criar e disseminar conhecimentos gastronômicos essenciais para termos uma sociedade melhor.

Pere Castells
Presidente do *Science and Cooking World Congress*

INTRODUÇÃO

Nos últimos anos são muitos os cozinheiros de renome que estão incluindo entre suas estratégias a colaboração com cientistas que, além de proporcionar as bases de muitos processos habituais na gastronomia, lhes facilitam a busca de fórmulas mais inovadoras. Matérias em revistas e materiais na internet têm ajudado muita gente com a "Gastronomia Molecular", que também como alternativa tem alguns outros nomes como cozinha experimental, cozinha técno-emocional ou cozinha molecular.

Escrever esse livro foi uma maneira que encontrei de desvendar, esclarecer e também informar como este conjunto de técnicas chamado gastronomia molecular pode, além de transformar texturas, ajudar em qualquer cozinha, seja por seus ingredientes, seus equipamentos ou técnicas.

A gastronomia molecular não é um tipo de cozinha, como muita gente acha, ela é um conjunto de técnicas que cabem em qualquer cozinha. Assim como houve inovação em todas as profissões, na gastronomia não foi diferente, ela veio para agregar e não para dividir ou ser melhor.

GASTRONOMIA MOLECULAR
Gastronomia Moderna

Desde a época dos antigos gregos, a comida tem sido levada a sério como uma ciência, com suas propriedades medicinais e de grande importância. Esta visão relacionada com a saúde dos alimentos continua a ser importante até hoje quando temos uma compreensão completa do conteúdo nutricional dos alimentos que comemos e como eles podem afetar nossa saúde. No entanto, a ciência da qual estamos prestes a conhecer tem mais a ver com o estudo da nossa compreensão das reações físicas e químicas que ocorrem em nossa comida durante o processo de cozimento e de técnicas de cozinha.

Você pode pensar que os *chefs* de hoje são os primeiros a preencher a lacuna entre a ciência e a cozinha, mas foram as descobertas do século XVIII as primeiras a ter um impacto real sobre como as pessoas cozinham. Conheça a seguir alguns marcos no estudo da ciência dos alimentos:

Século XVIII

Um dos primeiros nomes que se destaca na história da gastronomia moderna é o do cientista francês Antoine-Laurent de Lavoisier, considerado o pai da química moderna. Ele ajudou na construção do sistema métrico, identificou e batizou o oxigênio e hidrogênio, compilou a primeira extensa lista de elementos e estudou o processo de preparação por medição da sua densidade, para avaliar a qualidade. Ao escrever sobre suas descobertas, ele observou,

> sempre que uma pessoa considera os objetos mais familiares, as coisas mais simples, é impossível não ficar surpreso ao ver como nossas ideias são vagas e incertas, e como, como consequência, é importante para corrigi-las por experiências e fatos.

O grande *chef* Marie-Antoine Carême – que introduziu um estilo mais elaborado na culinária, a *haute cuisine*, (a alta arte da culinária francesa) e serviu como *chef* para o Imperador francês Napoleão Bonaparte, para George IV (quando príncipe regente) e para o Czar Alexander I – também teve uma visão científica ao cozinhar.

Ao mesmo tempo, Sir Benjamim Thompson, Conde de Rumford, um físico americano que estudou a construção de lareiras e utensílios de cozinha, trabalhou para melhorar a compreensão dos *chefs* sobre suas ferramentas de trabalho. Entre suas invenções, estão o banho-maria e a cafeteira com coador.

Século XIX

Em 1825, o livro The Physiology of Taste de Jean Anthelme Brillat-Savarin foi um marco literário culinário, focado em filosofia e ciência dos alimentos. O livro é uma coleção de anedotas e ensaios sobre temas como química, fisiologia e nutrição, obesidade, apetite, digestão, sonhos, fritura e até mesmo morte. *The Physiology of Taste* continua sendo impresso até hoje e apesar do fato de que muitas de suas ideias (particularmente em ciência de alimentos) têm sido, agora, provadas erradas, sua importância na história da comida continua grande.

Foi também por volta dessa época que Justus Von Liebig, um químico alemão, desenvolveu um método de produção comercial para o extrato de carne, o precursor do cubo de caldo dos dias atuais.

Século XX

Durante a última parte do século XX, Nicholas Kurti, um físico nascido na Hungria, especializado em física de caldeiras, apresentou um programa de televisão no Reino Unido chamado *The Physicist in the Kitchen*. Era transmitido pela BBC em 1969 e foi considerado um marco na gastronomia moderna por ter trazido a relação entre ciência e culinária britânica para as casas pela primeira vez. Como parte do programa, Kurti espantou o público usando o micro-ondas, recentemente inventado, para descongelar um Baked Alaska, uma concha congelada de merengue com recheio quente. Na época ele explicou,

> Eu acho que é um triste reflexo na nossa civilização que enquanto podemos medir a temperatura da atmosfera de Vênus, não sabemos o que se passa dentro de nossos suflês.

Como um físico realizado e cozinheiro amador afiado, Kurti foi a chave para o desenvolvimento da gastronomia molecular e seu trabalho com o cientista francês, Hervé This, ajudou a estabelecer e promover o estudo da ciência culinária.

Antes disso, a pesquisa de ciência dos alimentos era focada em áreas como a segurança dos alimentos, microbiologia, preservação, química, engenharia e física. Muito do que foi descoberto foi pelos grandes fabricantes de alimentos que queriam melhorar a qualidade, a aparência, o sabor e a durabilidade dos seus produtos, ou por biólogos e cientistas para cozinheiros amadores. Mas cozinhar em si nunca foi considerado um campo de grande interesse científico. Hervé This explicou isso da seguinte forma, "a cozinha era a última das artes químicas para se tornar objeto de escrutínio científico e ainda baseia-se em indicadores e anedóticos conhecimentos ao invés de ciência sólida."

Em 1984, foi publicada a primeira "bíblia" de ciência da comida: *On Food and Cooking: The Science and Lore Of The Kitchen*, de Harold McGee. Um livro de grande importância para *chefs* profissionais e amadores.

O que é Gastronomia Molecular?

Inicialmente, Nicholas Kurti chamava este campo de estudo de "ciência e gastronomia". No entanto, quando ele e Hervé This estavam organizando o primeiro *workshop* para reunir *chefs* e cientistas, eles foram convidados a repensar o termo para algo mais científico. A solução foi "gastronomia molecular e física" e depois somente "gastronomia molecular".

Então, o que é Gastronomia Molecular realmente? É um campo de estudo que investiga as transformações que ocorrem durante o processo de cozimentos e reações químicas e físicas. É importante neste momento deixar uma coisa bem clara: qualquer cocção é ciência. Existem princípios científicos por trás de ferver água para uma xícara de chá ou café, fritar um bife, macarrão, ferver um ovo, congelar o sorvete e absolutamente tudo que você faz quando cozinha.

Inicialmente, Hervé This definiu cinco objetivos principais para o campo da gastronomia molecular em sua dissertação de doutorado. Eram eles:

1. Coletar e investigar velhas histórias sobre a culinária.
2. Para modelar e examinar receitas existentes.
3. Apresentar novas ferramentas, produtos e métodos de cozinhar.

4. Para inventar novos pratos, usando o conhecimento dos três objetivos anteriores.

5. Para usar recursos de alimentos para promover a ciência.

Posteriormente, ele reviu o conceito da Gastronomia Molecular como *"um ramo particular da físico-química, a olhar para os mecanismos dos fenômenos ocorridos durante as transformações culinárias"*. Independentemente da definição técnica, alimentos criados através das técnicas científicas explicadas neste livro são deliciosos, inovadores e divertidos – se eles são rotulados de "gastronomia molecular", "cozinha molecular", "cozinha tecno-emocional", ou "cozinha modernista".

Evolução da Gastronomia Molecular

Em meados do ano 2000, a mídia introduziu o termo Gastronomia Molecular, para definir um novo estilo de cozinha que estava começando a emergir. Um punhado de restaurantes estavam experimentando esta nova abordagem e focavam no uso de princípios científicos para melhorar a qualidade, o sabor e a estética dos alimentos. A abordagem tornou-se cada vez mais popular nos círculos culinários e em restaurantes como o *El Bulli* de Ferran Adrià, na Espanha, *The Fat Duck* de Heston Blumenthal, na Inglaterra.

Apesar de ter encorajado grande publicidade no início, quando o termo Gastronomia Molecular se tornou mais popular e começou a colocar mais pessoas à par desse novo estilo de cozinhar, ele passou a representar a ideia de que era algo muito científico e não natural ou orgânico. Alguns críticos e *chefs* viram essa confiança na ciência como sendo o oposto do que o ato de cozinhar deve ser. Argumentaram que a cozinha era arte e não ciência.

Muitas pessoas tornaram-se céticas sobre a ideia de Gastronomia Molecular – e talvez exista essa desconfiança até hoje – por conta do uso de aditivos alimentares estranhos e desconhecidos, como nitrogênio líquido, gelo seco, gelificantes, espessantes e tantos outros produtos. O uso do termo pela mídia o levou para longe de seus ideais originais, mas muitos dos *chefs* que usaram princípios científicos trabalharam juntos para combater isso. Em 2006, Heston Blumenthal, Ferran Adrià, Thomas Keller e Harold McGee escreveram uma declaração conjunta para informar as pessoas sobre o seu trabalho e explicar que o que eles estavam usando era apenas uma compreensão dos princípios de cocção científicos, existentes para melhorar a sua alimentação.

Gastronomia Molecular é uma tendência, na qual os cozinheiros abraçam a inovação para criar pratos que são experiências verdadeiramente multissensoriais. Esta cozinha não se opõe a grandes tradições culinárias, em vez disso, baseia-se em realizações passadas e amplia os horizontes, usando novos ingredientes e técnicas modernas.

A ideia de criar um livro como este, surgiu exatamente para tentar desmistificar a Gastronomia Molecular como um todo. Ajudar a conhecer os ingredientes, entender as técnicas e explorar melhor os equipamentos que muito podem ajudar no dia a dia. Seja um cozinheiro profissional ou amador, este livro vai mostrar, de maneira clara e objetiva, que a Gastronomia Molecular tem muito mais a agregar do que dividir, como ainda é colocado por alguns profissionais da área.

Angélica Vitali e Pere Castells (autor do prefácio) em Manaus/AM, setembro/2019

PIONEIROS E PRATICANTES

Ferran Adrià (1962)
Frequentemente chamado de Salvador Dali ou Pablo Picasso da cozinha, Ferran Adrià mudou a cara da gastronomia através de inovações como a desconstrução.

Heston Marc Blumenthal (1966)
É um conceituado *chef* inglês. Ele foi levado pelos pais, aos 16 anos de idade, a um restaurante três estrelas no Guia Michelin. Quando passou por essa experiência, Blumenthal decidiu ingressar no mundo da gastronomia.

Grant Achatz (1974)
Famoso e premiado *chef* que ficou bastante conhecido por seus pratos inovadores como o "balão comestível".

Homaro Cantu - (1976)
Chef americano, falecido em 2015, que adorava inventar e criar pratos diferentes.

Wylie Dufresne - (1970)
É um dos principais defensores americanos da gastronomia molecular.

Pierre Gagnaire - (1950)
Pioneiro do movimento cozinha *fusion*, que mistura técnicas de cocção antigas e modernas.

José Andres - (1969)

Foi descrito como praticante de culinária por seu estilo inovador de cozinhar.

Joan Roca - (1964)

Chef do estrelado *El Celler de Can Roca*, Espanha. Ele e seus irmãos trabalham juntos e com técnicas incríveis.

Dani Garcia - (1975)

Chef conhecido como o artesão do sabor, junta ingredientes regionais com técnicas modernas e internacionais.

A nova geração de cozinheiros que enfatiza a ciência por trás de sabores e texturas está se desenvolvendo em todo mundo da culinária. Os *chefs* listados abaixo são uma pequena parcela do que temos hoje espalhados pelo mundo:

- Andoni Luis Aduriz: Mugaritz (Errenteria, Espanha)
- Juan Maria Arzak: Arzak (San Sebastian, Espanha)
- Oriol Balager: Oriol Balager (Madrid, Espanha)
- Jacob Jan Boerma: De Leest (Vaassen, Netherlands)
- Alex Atala: D.O.M. (São Paulo, Brasil)
- Massimo Bottura: Osteria La Francescana (Itália)
- André Chiang: André (Singapura)
- Daniel Humm: Eleven Madison Park (Nova Iorque, EUA)
- Thierry Marx: Mandarim Oriental (Paris, França)
- Enrique Olvera: Pujol-Cosme (México, Nova Iorque, EUA)
- René Redzepi: Noma (Copenhagen, Dinamarca)
- Gaggan Anand: Gaggan (Bangkok, Tailândia)

GELITA® PRO Gelatina em Folha

Refine suas criações com gelatina em folha

A gelatina em folha é o ingrediente perfeito para inúmeros pratos, aperitivos e sobremesas, como uma terrine, recheios de bolos, mousses, panna cotta, verrines e muito mais.

- Excelentes resultados em pouco tempo
- Proteína pura, com odor e sabor neutros
- Não contém gordura e carboidratos
- Também é possível atender aos requisitos halal
- Fácil de utilizar
- Não alergênico

www.leafgelatine.com

GELITA® PRO
Gelatina em Folha

A escolha dos melhores chefs

Recheios de bolo ou torta, panna cotta, mousse, terrine ou na glaçagem: com a gelatina em folha GELITA® PRO, todas as suas criações apresentarão uma textura diferenciada, aparência perfeita, além de realce no mouthfeel e na liberação de sabor.

www.leafgelatine.com

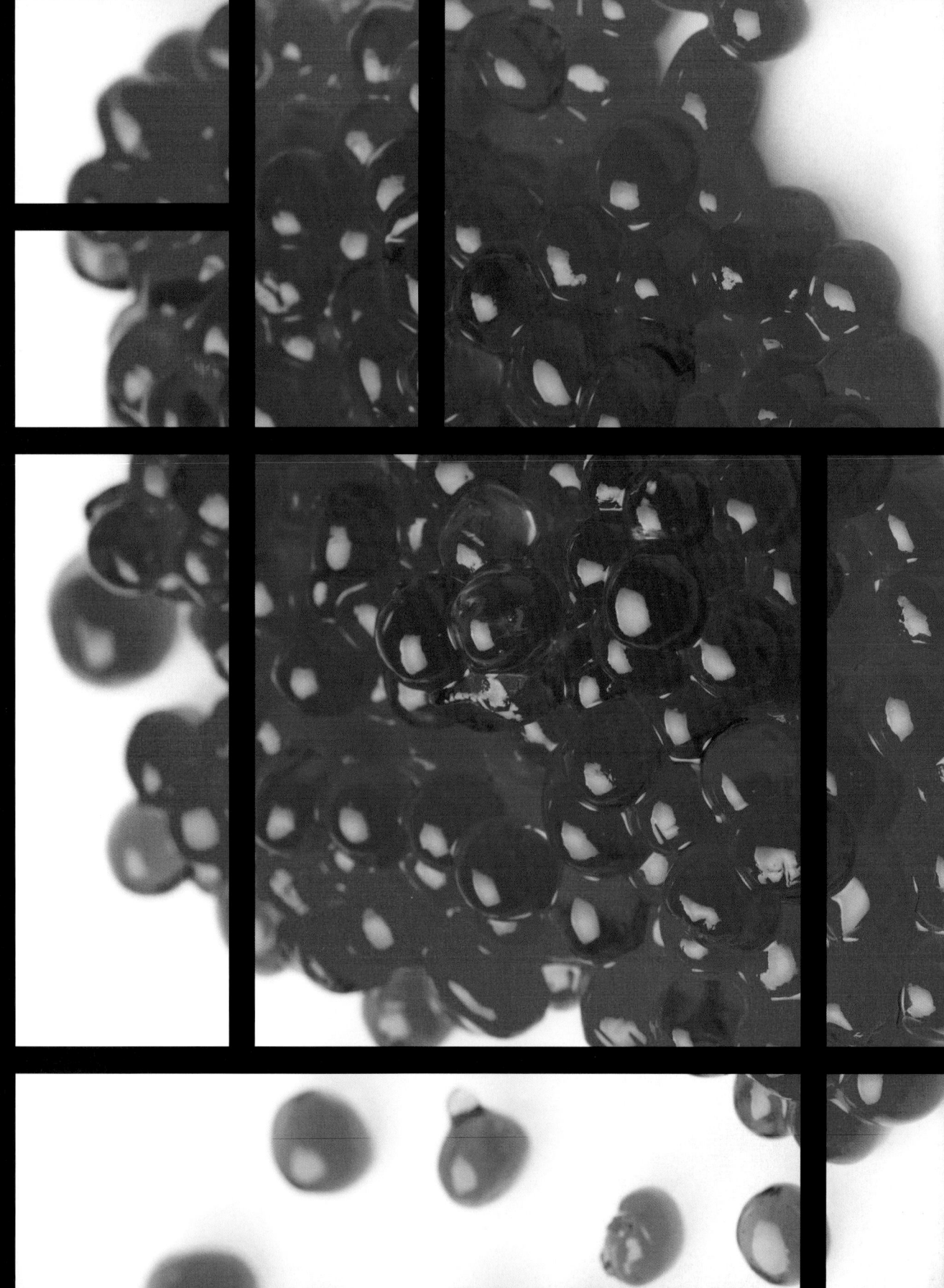

INGREDIENTES

INGREDIENTES
Hidrocolóides

> "O números de sabores é infinito, já que cada corpo solúvel tem um sabor especial que não se assemelham a qualquer outro. Até o momento não há uma única circunstância em que um determinado gosto foi analisado com exatidão. Homens virão depois de nós, vão saber muito mais do que nós nesta matéria e não podem ser contestado que é a química que irá revelar as causas ou os elementos básicos do paladar."
>
> Jean Anthelme Brillat-Savarin

Utilizar ingredientes para conservação dos alimentos não é novidade. Os seres humanos sempre procuraram preservar alimentos primeiro por refrigeração, secagem ou defumação, em seguida, adicionando sal, vinagre e açúcar.

No entanto, o movimento das populações para as cidades e a industrialização levaram a uma necessidade completamente diferente: alimentando milhares de pessoas com produtos frescos, processados e práticos que fiquem estáveis durante o transporte e armazenamento, mantendo suas qualidades organolépticas. Os ingredientes texturantes ou aditivos alimentares foram introduzidos gradualmente para acomodar os fabricantes em toda a cadeia alimentar, mas também para atender às demandas dos consumidores por produtos de alta qualidade.

Hoje, o termo aditivo alimentar abrange quase 3.500 produtos que são adicionados aos alimentos para fins específicos, tais como preservar, processar, melhorar cor ou sabor. O uso de aditivos na indústria de processamento de alimentos tornou-se tão generalizado que eles agora são consumidos diariamente pela população.

A lista inclui colorantes, estabilizantes, conservantes, enzimas, ingredientes texturantes e esta classe de aditivos alimentares que utilizamos em grande maioria na gastronomia molecular, criando surpresas e experiências incríveis.

A utilização dos ingredientes texturantes na gastronomia molecular nada mais é do que trazer para uso "doméstico", ingredientes que como falado, são utilizados em larga escala em indústrias, principalmente de alimentos e cosméticos. Além de propriedades diferentes, os aditivos tem origens diversas:

Origem animal	Origem vegetal	Origem microbiana
Gelatina	Alginatos	Gelano
Proteínas dos ovos	Agar-Agar	Xantana
	Carreganios	
	Goma arábica	
	Goma guar	
	Pectinas	
	Celulose e derivados	
	Amido e derivados	

Agar

Agar ou Agar-Agar é extraído de diversos gêneros e espécies de algas marinhas vermelhas que consiste em uma mistura heterogênea de dois polissacarídeos, agarose e agaropectina. Essas substâncias ocorrem como carboidrato estrutural na parede das células.

É insolúvel em água fria, porém expande-se consideravelmente e absorve uma quantidade de água de cerca de vinte vezes o seu próprio peso, formando um gel não absorvível, não fermentável e com importante característica de ser atóxico.

Normalmente vendido sob a forma de pó ou em tiras de algas secas. Tem um aspecto esbranquiçado e semitranslúcido.

A gelificação ocorre em temperaturas muito inferiores à temperatura de fusão que deve ser feira sempre acima de 100°C. Uma solução de agar forma um gel quando é aquecida a temperaturas entre 32°C e 45°C, não voltando a derreter em temperaturas inferiores a 85°C.

Alginato de Sódio

O alginato de sódio é um texturante de origem vegetal, extraído de algas marrons.

Essas algas produzem vários tipos de ácidos alínicos, os alginatos, que são um componente das suas células que dão aos organismos muita flexibilidade e são a matéria-prima para a produção do alginato industrial.

Nas indústrias de cosméticos, alimentos e farmacêuticas, por exemplo, o alginato é usado como gelificante, estabilizante ou espessante em sorvetes, molhos, sobremesas, etc.

Em contato com o cálcio, conseguimos fazer a esferificação.

Carragena Iota

Hidrocolóide gelificante que se extrai de um tipo de algas vermelhas. De todas as gelatinas, Iota é a mais leve, sua textura varia desde uma marmelada até um flan. Portanto, é um gel muito leve.

Como qualquer hidrocolóide tem reação diferente a cada tipo de alimento. Com produtos com bastante cálcio a reação é mais rápida do que com outros tipos de produtos.

Carragena Kappa

Kappa é extraído de alguns tipos de algas vermelhas, principalmente a Eucheuma e Chondrus. É uma carragena, um nome derivado da cidade irlandesa de Carraghenn, onde estas algas tem sido utilizadas por mais de 600 anos. Em meados do século XX, este "musgo irlandês" começou a ser produzido industrialmente como um gelificante. Kappa proporciona um gel de textura firme e quebradiça.

Não dever ser utilizado em meios ácidos, pois perde sua capacidade de gelificação.

Gelatina

A gelatina é um dos ingredientes mais conhecidos e fáceis de encontrar no mercado seja para utilizar em casa ou por *chefs* profissionais.

A gelatina é naturalmente formada quando carne, ossos ou pele são lentamente fervidas para fazer um guisado. Uma vez fria, a mistura forma uma geleia.

A gelatina é conhecida e utilizada na culinária bem antes que o produto fosse comercializado no final do século XIX, quando um americano chamado Charles Knox a introduziu no Mercado dos EUA, sob a forma de um pó.

Ao contrário dos outros ingredientes, a gelatina é de origem animal. Sua estrutura é portando uma mistura de aminoácidos, os componentes das proteínas. Gelatina é derivado de colágeno encontrado na pele e ossos da carne de bovino, carne de porco, peixes ou aves.

No Mercado, a gelatina vem em forma de pó, flocos, folhas e grânulos.

Devido às propriedades da gelatina, ele pode ser adicionado aos alimentos como gelificante, estabilizante, emulsionante e inibidor de cristais. O gel formado é termorreversível e derrete em temperatura do corpo, que cria uma sensação de derretimento junto a boca.

A principal crítica da gelatina diz respeito a sua origem animal e o medo de poder conter contaminantes ou bactérias indesejáveis.

A quantidade indicada de utilização é de 1 - 1,5%, quando em pó. Em folhas, 4 folhas por litro.

A gelatina em folha tem algumas funcionalidades e benefícios em seu uso, como:

- formação de filme estável, transparente e brilhante;
- formação de espuma e estabilização das espumas;
- formação de emulsões e estabilização, facilitando aplicação em patês e recheios no geral;

- geleificação reversível, liberando aromas muito mais facilmente, devido ao ponto de fusão próximo de 40°C;
- melhoria de textura. Pode facilitar o manuseio quando aplicada em recheios ou toppings que necessitam de uma permanência maior no topo das sobremesas ou que precisam ser moldados;
- ligação em água (iogurtes, recheios doces e salgados, sorvetes);
- proporciona brilho extra às receitas;
- evita formação de cristais de açúcar, podendo ser aplicada em doces como doce de leite, brigadeiros etc. Nesta aplicação o brilho também é potencializado;
- evita formação de cristais de gelo durante o congelamento, principalmente em sorvetes/sorbets a base de sucos e água;
- possibilita congelamento de sobremesas, evitando cristalização e estabilização do produto;
- possibilita redução de gorduras, açúcar e proteínas como ovos.

Goma arábica

Carboidrato tipo fibra utilizado como espessante, emulsionante e estabilizante. Por suas propriedades é um hidrocolóide.

Retirado da árvore Acacia senegal e obtido por exsudação (através de uma incisão no tronco da árvore) e posterior tratamento físico-químico.

Na indústria, é usado em sopas, temperos, clarificador de vinho, bebidas, cápsulas de aromas, coberturas de cacau e chocolate, cerveja, fibra solúvel etc.

Goma Gelano

Goma Gelano ou Gellan, é um agente de coagulação produzido através da fermentação de *Sphingomonaselodea*, um tipo de bactéria que cresce em uma planta aquática. É a única que age com agente de coagulação devido sua alta tolerância quando aquecida; uma vez definida, a gelatina pode ser aquecida até certa de 80°C sem derreter e ainda mais alto dependendo da goma gelano usada.

Goma guar

Carboidrato tipo fibra, do grupo dos galactomananos. Aditivo utilizado como espessante e estabilizante. Por suas propriedades, é um hidrocolóide.

Provém das sementes de uma planta leguminosa, similar a ervilha e originária da Índia e do Paquistão.

Na indústria é usado para fazer queijos frescos, sorvetes, croquetes, molhos, produtos de confeitaria, geleias, etc.

Goma xantana

Derivada de um processo de fermentação de bactérias e foi descoberta por volta de 1950.

Estes microrganismos ocorrem naturalmente em plantas da família do repolho e muitas vezes são responsáveis pela presença de manchas escuras no brócolis, couve-flor, e outros vegetais folhosos. Nas fábricas, as bactérias são inoculadas em um ambiente estéril até que tenha terminado a sua fermentação. Finalmente, os microrganismos são eliminados pelo calor e a goma é recolhida através de precipitação, centrifugação e secagem.

Da família dos hidrocolóides, como cada membro desta família, suas moléculas devem ter tempo para hidratar após ter sido dissolvido. Este período de hidratação permite a penetração dentro do hidrocolóide moléculas de água. A hidratação pode ser feita com líquidos quentes ou frios.

Atua como espessante e estabilizador, mas não forma gel. Em vez disso, ele suspende partículas em molhos para salada e dá a molhos uma textura cremosa.

Konjac

Goma Konjac é proveniente de uma planta asiática denominada amorphoplallus. Forma géis estáveis termicamente. Aumenta a força do gel com temperatura. Se utiliza em confeitaria, carnes, pastas, como substituto vegano para a gelatina animal.

Sinergias com outros produtos:

Konjac + Kappa	Konjac + Xantana	Konjac + Amido
Interage fortemente formando gel elástico termo reversível.	Forma um gel que aguenta grande pressão sem quebrar-se.	Interage muito bem com diversos tipos de amidos e incrementa viscosidade que se mantém durante a cocção e o resfriamento.

Lecitina de soja

Embora você possa não estar ciente da utilidade da molécula de lecitina, seu corpo sabe muito bem como usá-lo! A lecitina é um constituinte das membranas celulares, especificamente um fosfolipídio.

Além de células do corpo humano, a lecitina é encontrada principalmente no germe de trigo, soja, fígado e gema de ovo.

Nos alimentos, a lecitina é encontrada em margarinas e fórmulas infantis onde atua como emulsificante. Pode ser encontrada também na lista de ingredientes para as preparações geladas, como sorvetes e leite congelado, nos quais permite que a gordura permaneça solúvel em um composto com muita água.

Metilcelulose

A metilcelulose é um polissacarídio produzido industrialmente a partir da celulose de origem vegetal. Existem diferentes tipos de metilcelulose, com propriedades que variam conforme sua composição.

Tem um comportamento pouco comum: é solúvel em água fria, formando uma dispersão viscosa, clara e transparente. Ao contrário dos outros gelificantes, gelifica quando se aplica calor (aquecida a 50-70°C) e o gel liquefaz-se quando é aquecido. Em frio, atua como espessante.

A metilcelulose não é tóxica, não é digerida nem absorvida pelo intestino humano, e também não se degrada pelas bactérias do trato intestinal, comportando-se assim, do ponto de vista nutricional, como uma fibra alimentar. Isto significa que apresenta uma fraca digestibilidade e um valor energético baixo.

Pectina

Pectina é um polissacarídeo solúvel em água, encontrado em algumas frutas e legumes. Comercialmente é encontrada em pó, na cor branca.

A maioria da pectina é extraída a partir da casca de cítricos ou do bagaço de frutas (mais comumente na beterraba, batata e peras).

A pectina começou a ser usada por volta de 1750, em marmeladas. Mas foi em 1825 que o químico Henri Braconnot isolou e descreveu a pectina.

Originalmente, a alta produção de pectina pelas frutas foi usada para essas receitas, mas devido as pesquisas de Braconnot, a pectina foi usada com outras frutas para criação de uma maior variedade de compotas.

Sucro

O Sucro é um emulsificante derivado da sacarose, obtido a partir da esterilização entre a sacarose e os ácidos gordos (sucroester). É um produto muito utilizado no Japão.

Devido a sua elevada estabilidade como emulsificante, se destaca na preparação de misturas do tipo azeite com água. É um produto que deve ser dissolvido primeiro em meio aquoso para depois ser misturado a gordura.

Como a lecitina, é solúvel no frio e em meios aquosos.

Este produto permite criar ares muito estáveis na presença de álcool.

INGREDIENTES
Açúcares, Antioxidantes, Sais e Outros

Os açúcares são usados com a finalidade de adoçar o alimento. O açúcar é um termo genérico para os carboidratos cristalinos comestíveis, que podem ser divididos em dois tipos estruturais: simples (monossacarídeo) e duplo (dissacarídeo). Cada tipo estrutural de edulcorante tem propriedades originais e usos apropriados. Uma vez que você compreende as propriedades específicas de adoçantes, você pode maximizar seus efeitos, bem como suas diferentes aplicações na gastronomia moderna.

Dextrose

É uma fonte de glicose elaborada a partir do amido de milho. Trata-se de um carboidrato simples que é rapidamente absorvido pelo organismo. Ele contribui para o ganho de massa muscular em pessoas que praticam musculação.

É um monossacarídeo e quimicamente é considerado um carboidrato simples por possuir uma estrutura molecular de tamanho reduzido, o que facilita sua digestão e rápida absorção, acarretando em poucos minutos um aumento na taxa de glicose no sangue.

Usado como substituto do açúcar, principalmente para gelatos.

Frutose

Carboidrato simples (monossacarídeo) que tem função edulcorante e é extraído de frutas, mel, etc.

Poder educorante em torno de 1,1 a 1,7 vezes mais doce que o açúcar (sacarose). Podemos encontrá-la abundantemente no mel e em muitas frutas como, por exemplo, a maçã (60% dos açúcares), o figo (40% dos açúcares) e a uva (40% dos açúcares) mas também de outros produtos vegetais como o tomate (60% dos açúcares), a couve (30% dos açúcares) e a cenoura (20% dos açúcares).

Isomalte

Isomalte é derivado da sacarose, que é composta de dois dissacarídeos: gluco-manitol e gluco-sorbitol. Funciona como um substituto do açúcar e é vendido em forma de cristais ou em pó branco.

As reações químicas e enzimáticas que ocorrem durante a fabricação do isomalte fazem suas propriedades instáveis em comparação com a da sacarose.

Ele foi descoberto na década de 1960 e, em 1990, seu uso foi aprovado nos Estados Unidos. Está disponível na Europa desde 1980 e atualmente é usado em uma ampla variedade de produtos e em mais de 70 países em todo mundo em produtos como balas, caramelos, chicletes, chocolates, suplementos nutricionais, etc.

Sucralose

Aditivo edulcorante intensivo recente aprovado pela União Europeia.

Seu poder edulcorante é 650 vezes maior que o do açúcar (sacarose). É um derivado do cloro do açúcar.

Na indústria alimentícia é usado em produtos de confeitaria. Substituto do açúcar para diabéticos em bolachas, bolos, geleias, etc.

Os antioxidades são substâncias que impedem a oxidação ou a descoloração e até mesmo a deterioração dos alimentos. O oxigênio é um elemento vital necessário para qualquer forma de vida, no entanto, também provoca oxidação ou perda de elétrons, o que provoca a descoloração e deterioração.

Ácido cítrico

Formado a partir da fermentação da sacarose realizado por um micro-organismo chamado *Aspergillus Niger*.

O ácido cítrico é um ácido orgânico tricarboxílico presente na maioria das frutas, sobretudo em cítricos como limão e laranja. É comumente conhecido por ser responsável pela acidez dos frutos e também conhecido como "sal azedo".

O alquimista persa Jabir ibn Hayyãn descobriu diversos ácidos naturais, incluindo o ácido cítrico, durante o século VIII. Porém, somente em 1784 ele foi isolado pelo químico sueco Carl Wiheln Scheele, que foi capaz de cristalizar o ácido do suco de limão. Isso resultou na industrialização do ácido cítrico pela indústria Pfizer em 1874.

O ácido cítrico é solúvel a líquidos e normalmente usado como regulador de acidez ou conservante.

É um importante conservante em chocolates, leite e produtos lácteos, além de sua utilização em compotas e marmeladas. Ele também pode ser usado como amaciante de carnes por quebrar as proteínas da carne antes de cozinhar.

Quando coagulado com a pectina, ele aumenta a força do gel.

Em corante alimentício é usado para equilibrar o nível de pH das propriedades normalmente a base de tintura.

A quantidade de "outros" usados na gastronomia moderna é enorme, incluindo componentes minerais, enzimas e hidrocolóides com outras propriedades. É necessário desenvolver receitas combinando dois ou mais produtos para termos ainda mais opções de uso dos texturantes.

Ácido ascórbico

Ácido orgânico utilizado como aditivo antioxidante e complemento alimentício.

Obtido de frutas (cítricas, kiwis, etc.), verduras (pimentão vermelho, etc.), hortaliças (salsinha, etc.). Extrai-se com o tratamento físico-químico de alguns desses produtos.

Este é o nome científico da vitamina C. Também utilizado para possibilitar a absorção de ferro de alguns alimentos, por exemplo, lentilhas.

Na indústria alimentícia é usado em conservas enlatadas, óleos e gorduras, leite e creme de leite, pão, bebidas (cerveja), indústria de carnes e pescados, produtos vegetais elaborados, confeitos, geleias e preparados a base de frutas para untar, incluído os de valor energético reduzido, sucos e sumos, etc.

Dosagem indicada igual ou inferior a 0,5%.

Gluconolactato de cálcio (sais de cálcio)

Bastante utilizado tanto na esferificação básica como na inversa, não possui sabor e não altera qualquer característica do produto a ser esferificado.

Utiliza-se em contato com o alginato nas técnicas de esferificação.

Glice

Derivado de gorduras mono e diglicerídeos, derivados de ácidos gordos e glicerol, Glice foi desenvolvido pela alta estabilidade ao atuar com um emulsionante, que mistura gorduras e água.

Deve ser misturado primeiro a gordura e posteriormente a água. O óleo é dissolvido por aquecimento, a 60°C.

Maltodextrina N-Zorbit

A maltodextrina é o resultado de quebra das moléculas de amido de milho e pode ser extraída também da tapioca, batata, trigo ou arroz.

É um hidrato de carbono metabolizado pelo nosso organismo e grande fornecedor de energia. É muito utilizado por atletas, pois funciona na produção de glicogênio (energia muscular).

A maltodextrina tem a propriedade de absorver gorduras ou líquidos sem água na sua composição, como óleo, azeite, manteiga clarificada e de transformar em pó. Quanto mais gordura se adiciona, mais viscosa fica a mistura.

Na indústria alimentícia, a maltodextrina é usada para fazer produtos de padaria. Também previne a formação de cristais na superfície de alimentos congelados e é usado como um substrato de açúcar em bebidas esportivas.

Na gastronomia molecular é usado como espessante de molhos e como estabilizador de gorduras, além de nos proporcionar criar pós de muitos sabores.

Importante salientar que no Brasil devemos sempre procurar pela Maltodextrina N-Zorbit que é um produto da tapioca e especialmente desenvolvida para uso culinário.

Nitrogênio líquido

Nitrogênio líquido é uma forma liquefeita de nitrogênio. É produzido por liquefação do ar (ar é composto por cerca de 78% de nitrogênio) e, em seguida, separando o nitrogênio por destilação. É uma substância muito fria. Na pressão atmosférica normal tem um ponto de ebulição de -196°C, que o torna criogênico – o termo dado aos líquidos que fervem a uma temperatura abaixo de -196°C.

Devido à sua capacidade de manter a temperatura bem abaixo do ponto de congelamento da água, o nitrogênio líquido é usado de várias maneiras, incluindo a preservação de amostras biológicas em laboratórios e congelamentos instantâneos de alimentos.

O nitrogênio líquido permite que os fabricantes de alimentos congelem alimentos frescos, mantendo sua textura, sabor e valor nutricional, que seria degradada com métodos regulares de congelamento. A razão para isso é que o processo de resfriamento é muito mais rápido usando nitrogênio líquido e, portanto, os cristais de gelo que formam são muitos menores do que aqueles que se formam usando métodos regulares.

Obulato

Lâminas ultrafinas e translúcidas que podem ser usadas como alimentos. Possui sabor e odor totalmente neutros, possibilitando seu uso em qualquer área da gastronomia.

São produzidas com amido de batata, lecitina de soja e azeite de girassol, não contendo sal, açúcar, gorduras ou glúten. Muito versátil, fácil de manipular e armazenar.

As folhas de obulato podem ser encontradas nos seguintes formatos:

- Folhas - 32 x 46 cm
- Quadrados - 7 x 7 cm
- Redondo - 9 cm Ø
- Forminha de brigadeiro - 9 cm Ø (aberta)
- Cone - 7 cm de altura x 3.5 cm Ø

Ultra-Sperse®

O Ultra-Sperse® M é um amido de alimento modificado por inchamento com água fria (CWS) de alto desempenho derivado do milho ceroso. É particularmente adequado para preparações alimentícias sujeitas a processamento severo, como micro-ondas ou moagem. Apresenta excelente dispersibilidade e confere brilho, clareza e suavidade superiores quando comparado aos amidos pré-gelatinizados tradicionais.

O Ultra-Sperse® M dispersa-se facilmente em água quente ou fria sem grumos e produz uma textura suave e curta com excelente brilho e clareza. O produto é extremamente resistente a condições severas de processamento, incluindo aquecimento intenso (micro-ondas), alto cisalhamento (moagem) ou pH baixo. O produto confere uma sensação rica e cremosa aos alimentos preparados. Também oferece excelente estabilidade de armazenamento em temperatura baixa para alimentos refrigerados ou congelados.

É melhor usado para engrossar rapidamente molhos. Também pode ser adicionado a qualquer receita para fornecer espessura adicional e uma sensação na boca cremosa. Em concentrações mais altas, é possível produzir uma textura semelhante a gel.

Transglutaminase

A transglutaminase é uma enzima microbiana que atua na ligação entre moléculas de proteína. Funciona como uma espécie de cola em proteínas como carne, peixe, etc. Pode ser encontrada em mamíferos, aves, peixes, plantas e frutos do mar.

É muito usada na indústria alimentícia na fabricação de embutidos, para alterar consistência do alimento original e também para criar novos cortes.

A armazenagem dever ser feita sempre em congelador com temperaturas a baixo de -18°C, deve ser exposto a temperaturas ambientes apenas por tempo suficiente para seu manuseio e uso.

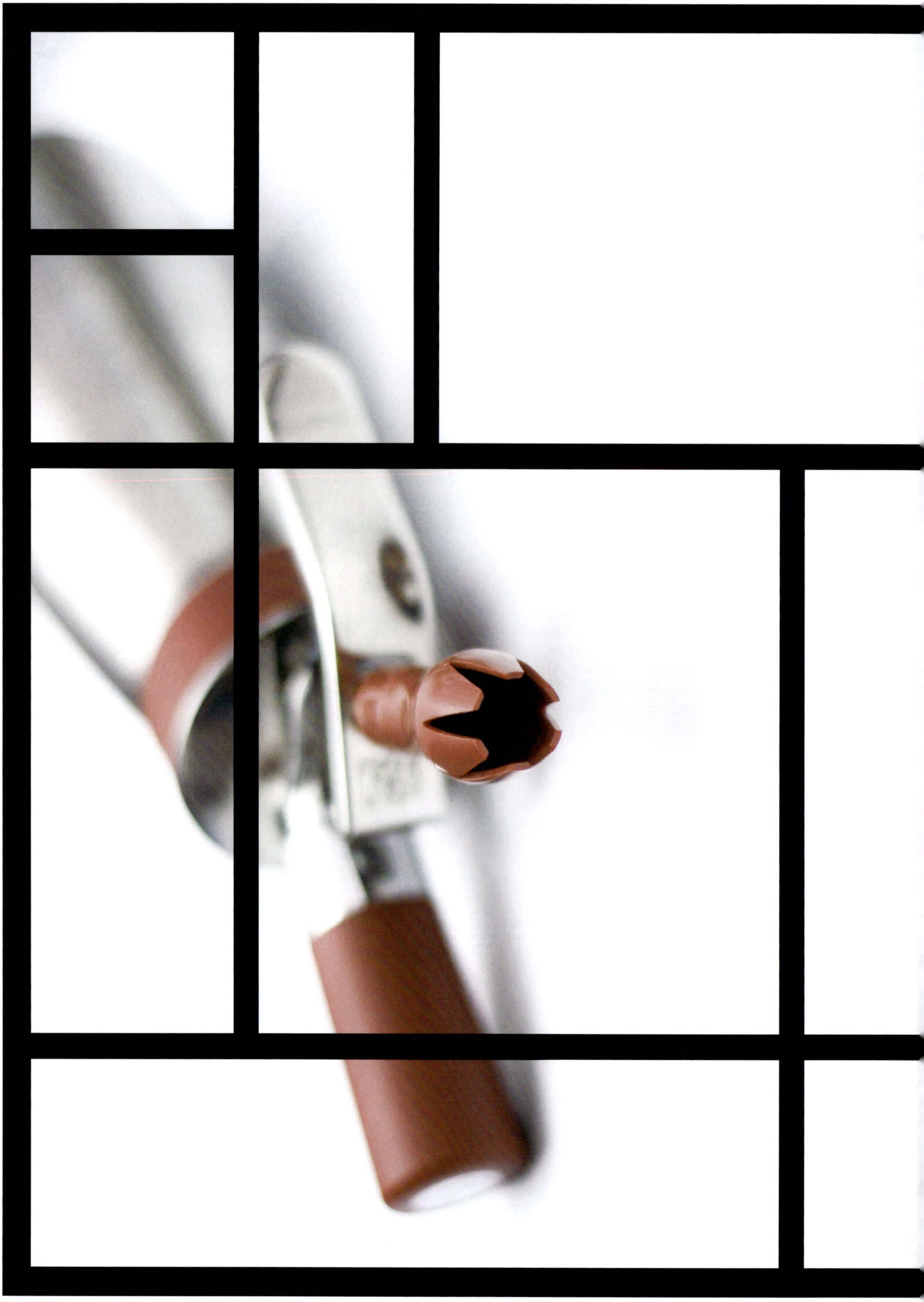

EQUIPAMENTOS

EQUIPAMENTOS

Mixer

Aparelho de mão que permite triturar, emulsionar, misturar e bater produtos e elaborações em diferentes velocidades de maneira mais rápida.

Em 1950, o suíço Roher Perrinjaquet patenteou com o nome de "Bamix", abreviatura do francês *"battre et Mixer"*. A empresa alemã ESGE começou a distribuir o Bamix no mercado europeu a partir de 1954.

Por possuir um pequeno motor, diferente dos liquidificadores e batedeiras, é recomendado que não fique ligado direto mais que 50 segundos, sendo necessária apenas uma pequena pausa para poder voltar a usá-lo.

Thermomix

Aparelho que tem diferentes funções como triturar, moer, picar, emulsionar, etc. Com o uso opcional de temperatura, que permite triturar e esquentar alimentos no mesmo processo.

O primeiro equipamento deste segmento foi desenhado pela Kenwood em 1947, pelo inventor britânico Kenth Wood. Somente em 1950 foi lançada a Kenwood Chef que se apresentava como uma *food mixer* com uma grande variedade de acessórios intercambiáveis, como espremedor, moinho, abridor de latas, cortador, misturador e centrífuga.

No final dos anos 70, a companhia alemã Vorwek lançou a Thermomix, uma evolução do processador, dotada de temperatura e capaz de cozinhar os alimentos de maneira programada.

Atualmente, existem outros modelos e marcas no mercado.

Balança de precisão

Aparelho para medir com exatidão o peso do produto, tendo a medida a partir de uma casa decimal.

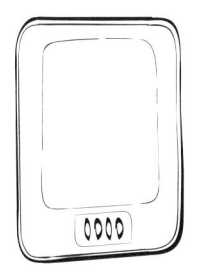

A balança de precisão veio do mundo dos laboratórios, onde a medida exata do peso é um imperativo.

A entrada das balanças de precisão na cozinha está relacionada ao uso dos texturantes, mais precisamente do Agar, que se trabalha com quantidades pequenas e precisa de um aparelho como este.

Seu uso começou entre os anos de 1999 e 2000.

Termômetro com infravermelho

Instrumento que permite a medição da temperatura da superfície sem contato com o material a ser medido.

São termômetros dotados de um sensor que captura a energia térmica emitida pelos objetos.

Sua utilização não influencia nos produtos, permite medir as temperaturas a distância sem tocar de maneira nenhuma a superfície.

Os termômetros com infravermelho variam de forma, tamanho e função, assim como qualidade, potência e preço. A qualidade vem marcada principalmente pela capacidade e precisão do aparelho. Podem medir temperaturas inferiores a 0°C e também muito elevadas, mas no caso da cozinha, não se consegue medir temperaturas superiores a 300°C.

Esses termômetros foram inventados, aproximadamente, em 1960.

Embaladora a vácuo

Aparelho de embalagem que elimina o ar das embalagens que contenham o alimento, criando um vácuo quase total que favorece a conservação. Também se pode desprezar o ar e criar uma atmosfera modificada com a mesma finalidade.

Aparelho muito utilizado para cocção em *Sous Vide*, onde uma das etapas do processo é embalar o alimento a vácuo para levar a cocção controlada em banho-maria.

Existem diversos tipos de embaladoras que vão desde as para uso doméstico, até as profissionais, onde encontramos de variados tamanhos e formatos para utilização diferente, como para grãos, líquidos, verduras, etc.

Maçarico

Utensílio que solta uma chama de gás butano com pressão. Utilizado para queimar a superfície de alguns alimentos, para chamuscar ou dourar, assim como para elaborações com superfície açucarada, criando um caramelo.

É difícil dizer em que momento se começou a usar o maçarico na cozinha, mas está claro que é um aparelho adaptado do bico de Bunsen usado em laboratórios, aperfeiçoado pelo químico Robert Bunsen em meados do século XIX, e dos aparelhos de solda.

Permite uma manipulação muito rápida, assim como a possibilidade de queimar produtos de maneira limpa, sem contato com nenhum utensílio.

Defumador instantâneo

Aparelho pequeno que permite defumar ou aromatizar pequenas quantidades de alimentos em um recipiente externo, mediante a combustão de serragem ou pequenos pedaços de madeira.

O queimador de fumo elétrico era um utensílio usado para consumo de *cannabis* e teve sua primeira utilização na cozinha em 2002 no restaurante El Celler de Can Roca, onde se faziam vários pratos utilizando a defumação com uma bomba de água – um processo complexo e muito demorado.

Este utensílio permitiu otimizar o processo de defumar os produtos, elaborações e muitos pratos finalizados no momento de servir.

O primeiro prato em que se aplicou foi o "Carpaccio de ceps a la brasa".

Termocirculador

Banho de água com controle de temperatura e água em movimento, que assegura a temperatura uniforme no recipiente.

A alta gastronomia realizou suas primeiras experiências de cocção a vácuo em 1974, quando o *chef* francês Georges Pralus, no restaurante dos irmãos Troisgros em Roanne, testou com êxito a cocção do *foie gras* a baixa temperatura, com o objetivo de reduzir a perda do peso e conservar as características do produto.

O termocirculador contribui extraordinariamente a potencializar a obsessão da cozinha moderna por manter a qualidade do produto, graças a possibilidade de realizar cocções no momento, a baixa temperatura, sem evaporação, mantendo os sucos com uma mínima perda de nutrientes.

Bisnagas

Recipiente cilíndrico com um bico dosificado que permite aplicar produtos líquidos de maneira controlada.

Se trata de um recipiente próprio das indústrias alimentícias, da perfumaria e de laboratórios. Ferran Adrià foi quem as introduziu a cozinha, utilizando inicialmente os potes para *ketchup* e mostarda.

Permite dosificar de forma rápida e higiênica preparações líquidas ou emulsionadas em pequenas quantidades, especialmente na fase de montagem e decoração do prato.

Aromatizador instantâneo

É um aromatizador instantâneo baseado na técnica de defumação instantânea, que permite gerar vapores aromáticos de forma imediata e controlada a partir de óleos essenciais, essências, extratos, álcool, etc.

São injetados nos pratos cobertos por outro prato ou por um filme plástico.

Aromatiza todo tipo de alimento em segundos.

Formas de silicone

O silicone é um material composto principalmente por silício, inerte, com tolerância térmica que vai de -40°C até 260°C. É flexível, impermeável e antiaderente e permite cocções uniformes no forno de micro-ondas. Não se pode cozinhar direto no fogo.

O químico britânico Frederick Kipling descobriu os princípios no século XX.

Se utiliza na cozinha, especialmente para sobremesas, desde os anos 80 e 90, graças a suas propriedades de isolamento, resistência ao calor e de sua extrema versatilidade e flexibilidade.

A utilização se dá de acordo com o tipo de silicone do produto, bem como a qualidade. Importante sempre verificar as instruções na embalagem, pois alguns não suportam temperaturas muito elevadas.

Sifão para espuma

Utensílio que permite introduzir gás N2O (óxido nitroso) em um líquido ou purê, formando um dispenso coloidal (ar/água) que se denomina espuma.

Originalmente já existia um aparelho para chantilly e o sifão foi usado pela primeira vez para elaborar espumas no restaurante *El Bulli* em 1994. Sua implantação em todo mundo foi muito sólida e hoje em dia é um dos grandes utensílios da cozinha.

Normalmente fabricado em aço inoxidável, se encontra facilmente no mercado.

Desidratador

Aparelho que permite extrair a água dos alimentos de forma constante, controlando e minimizando o impacto térmico sobre o produto mediante a um fluxo de ar quente.

A secagem é um dos métodos mais antigos utilizados pelo ser humano para consertar os alimentos. Todas as sementes e cereais, e muitas frutas e hortaliças, são submetidos a este processo, que raramente requer esforços humanos e se realiza em processos naturais.

Ao final do século XVIII, se inventou na França uma câmara de desidratação mediante temperatura controlada e circulação contínua de ar, e no começo do século XX, apareceram os primeiros desbaratadores de uso contínuo.

A desidratação teve um forte impulso durante a II Guerra Mundial, com o intuito de conservar as refeições por um tempo prolongado e reduzir o espaço de armazenamento.

As temperaturas normalmente são trabalhadas entre 30°C e 65°C.

Pacojet

Aparelho que emulsiona e tritura os alimentos congelados.

Muito utilizado em preparações de sorvetes e gelatos, mas pode ter outras aplicações.

O Pacojet foi projetado na Suíça, na década de 1980, pelo engenheiro Wihelm Maurer. Se fabricou em 1992 inicialmente para o mercado europeu, como processador multifuncional para elaborar sopas, mousse, molhos e sobremesas congeladas.

Fogão de indução

Aparelho que esquenta por efeito de indução gerada por um campo magnético situado abaixo de uma superfície de vidro.

Começaram a ser comercializados em 1985 e difundidos nos restaurantes e hotéis de muitos países.

Podemos encontrar fogões de indução fixos ou móveis, com diferentes formatos, medidas e potência.

Copos e colheres medidores

Utensílios muito importantes na preparação de qualquer receita.

Feito de vários materiais, formatos e cores, são facilmente encontrados em lojas do ramo.

Conseguimos com o tempo, mensurar a quantidade de texturantes diretamente com as colheres medidoras.

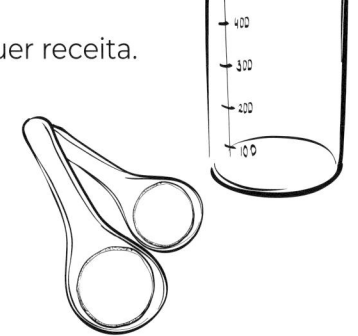

Colher esferificação

Colher usada principalmente para retirar as esferificações do banho em que estão ou até mesmo para servir.

Refratômetro

Entre outras leituras, refratores medem a quantidade de sacarose em uma solução.

A escala usada por refratores para açúcar é expressa em unidades de Brix, em que 1 grama de sacarose em 100 gramas de solução é igual a 1 grau brix.

Produtores de vinho, suco de fruta e de mel, usam refratores para medir o teor de açúcar dentro de seus produtos.

Refratômetros são comumente disponíveis como dispositivos monoculares ou escalas pequenas que digitalmente, analisam o nível da sacarose.

Para analisar o teor de sacarose, uma pequena quantidade de solução é difamada através da superfície de vidro do refrator. Depois de olhar através da lente, a leitura do nível de sacarose, exibida em unidades brix é calibrada. A área dentro da lente, onde se encontram as duas cores diferentes na escala é o nível de brix medido na solução.

Seladora para produtos comestíveis

São semelhantes a seladoras comuns na sua aparência e operação, mas não na vedação. São feitas para selar papéis e filmes comestíveis, que podem ser recheados de geleias, molhos, etc.

Cilindro de nitrogênio

São usados para armazenar o nitrogênio líquido.

Seu design foi especialmente criado para eficientemente isolar a substância, mantendo o nitrogênio líquido por muito mais tempo.

Para que tenha uma menor evaporação, deve-se manter o cilindro constantemente cheio, fazendo com que a camada de isolamento fique congelada, caso contrário o nitrogênio líquido evapora rapidamente.

O cilindro não pode ser fechado completamente.

Nitro bowl

São bowls para manipulação do nitrogênio líquido, com dupla camada e que são capazes de suportar baixas temperaturas.

O nitrogênio é derramado no bowl, enquanto o item a ser congelado é colocado na camada exterior da bacia e misturado sem riscos de quebrar a tigela.

Para manipular o nitrogênio, é sempre indicado utilizar materiais como vidros específicos para isso ou aço inoxidável.

Pipetas

Procedem de laboratórios e foram introduzidas na cozinha contemporânea, coincidindo com o estreitamento das relações entre cozinha e ciência, que produz um claro intercâmbio de utensílios.

Igual aos laboratórios, o seu uso está relacionado a pequenas doses de líquidos de maneira muito precisa.

Pode-se introduzir um líquido no interior do alimento, por exemplo.

Bomba de aquário

Sim, as mesmas que usamos em aquário, são utilizadas para criar ares com ajuda dos texturantes.

Elas criam ares com bolhas semiestáveis que podem sustentar o líquido com sabor e cores variadas.

O ar criado é muito usado para finalizar pratos.

Seringas

Como as pipetas, procedem de laboratórios e do mundo da medicina.

Se relacionam, especialmente, com as técnicas de esferificação.

Consiste em um êmbolo inserido em um tubo, com uma pequena abertura em um dos lados, que permite dosificar controladamente os líquidos.

Caviar box

Caviar box é uma espécie de conta gotas, usado para obter esferas perfeitas e em grandes quantidades.

A caixa é equipada com um pequeno tubo que é conectado a uma seringa.

Com o caviar box é possível fazer 90 caviares por vez, tornando o trabalho muito mais rápido.

Anti-Griddle

O Anti-Griddle é uma peça super inovadora para cozinha com design da PolyScience. Ela desenvolveu para o restaurante Alinea em Chicago.

Uma chapa regular é um equipamento de cozimento que consiste em uma superfície plana que aquece até 280°C, usando gás ou eletricidade. Os alimentos são cozidos diretamente na superfície.

O Anti-Griddle, como o nome sugere, realiza a tarefa oposta, atingindo uma temperatura de cerca de -34°C. Ele esfria os alimentos ao invés de aquecer.

Medidor de pH

Medidores de pH são dispositivos que medem os níveis de acidez e basicidade de uma solução líquida dentro de um intervalo de 0 pH a 14 pH.

Normalmente, leituras inferiores a pH 7 são classificadas com ácidos e leituras acima de pH 7 são classificadas como básicos.

A presença de alta ou baixa acidez pode causar resultados irregulares em uma receita.

Um medidor de pH é crucial para resultados consistentes com receitas de comidas com hidrocolóides.

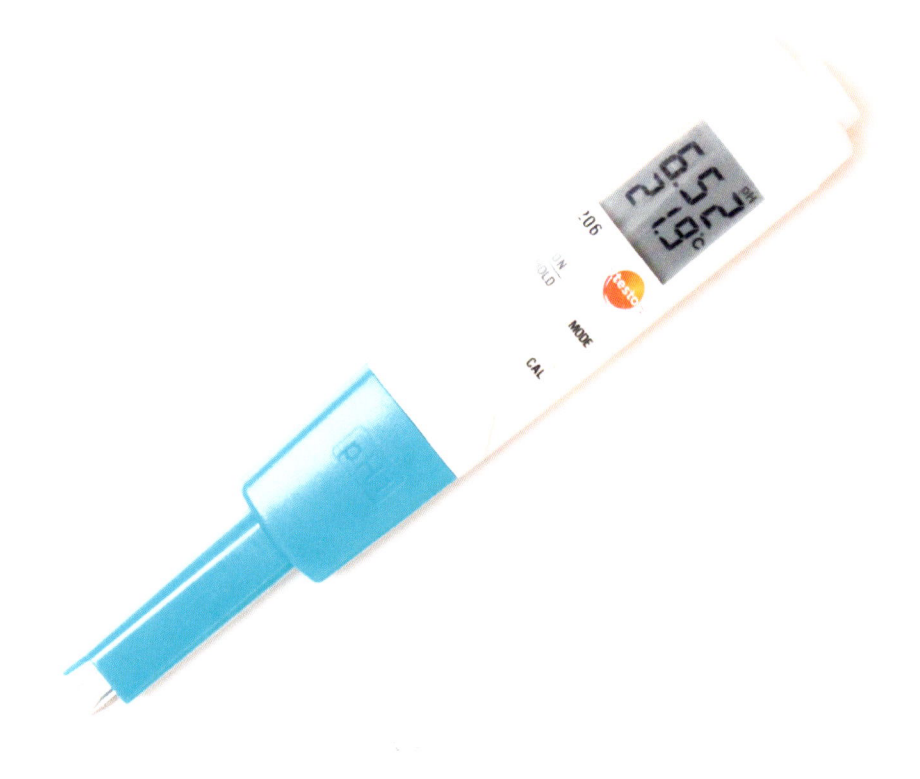

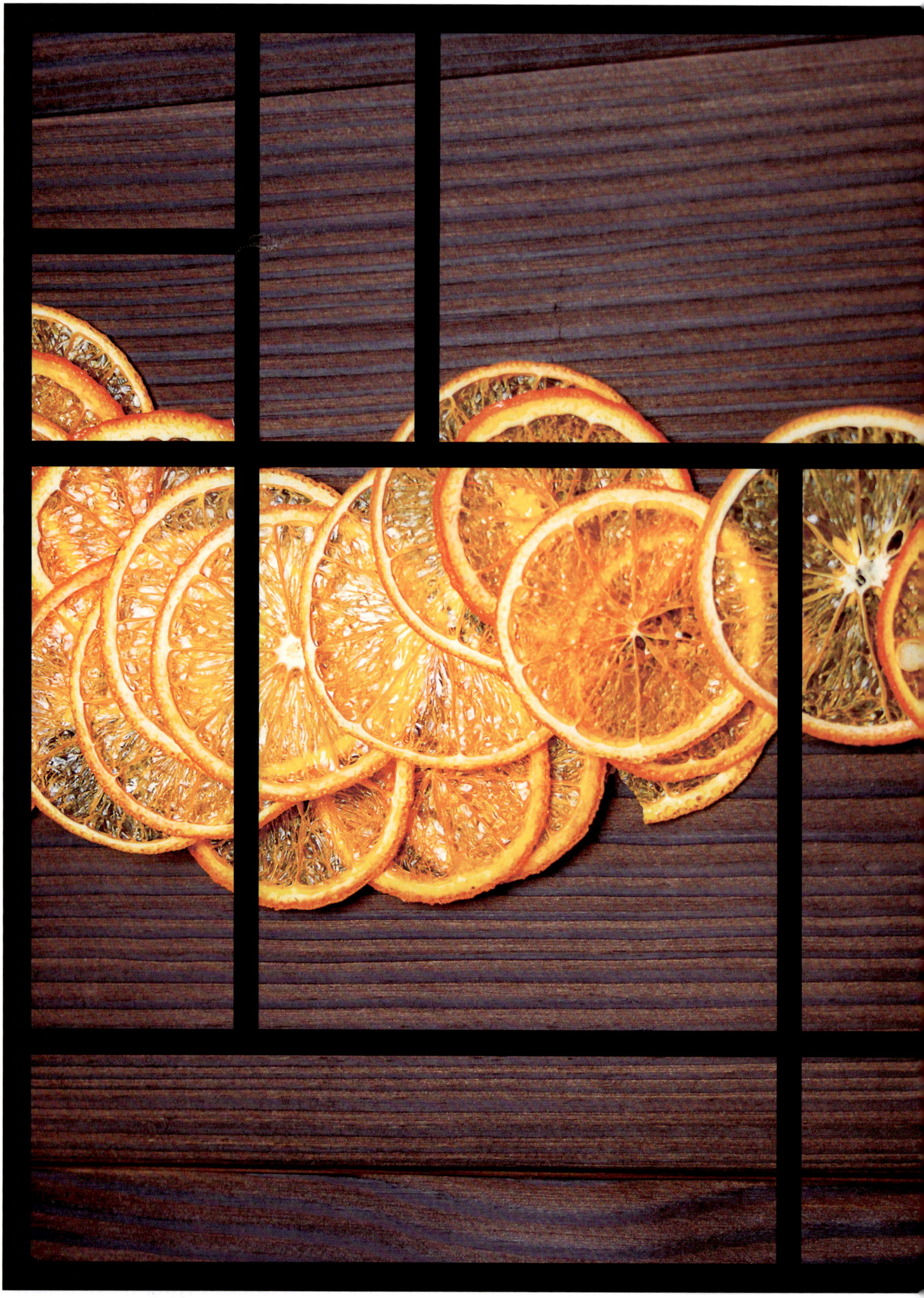

TÉCNICAS

TÉCNICAS

Entender e escolher a melhor técnica para atingir a textura e finalização desejada é o primeiro passo para começar a trabalhar. Com a gama de ingredientes e equipamentos, precisamos alinhar todos para que o resultado final seja satisfatório.

Esferificação

A esferificação foi originalmente desenvolvida pela indústria farmacêutica na década de 1950, mas foi difundida para uso em cozinhas profissionais em 2003, quando o *chef* espanhol Ferran Adrià introduziu o mundo da culinária para o processo de esferificação básico e depois mais tarde, sua equipe de pesquisa desenvolveu o processo de esferificação inversa.

Na gastronomia molecular, a esferificação é definida como encapsulamento de um líquido dentro de esferas que estouram dentro da boca. São usados agentes de coagulação para formar uma fina membrana ao redor do líquido. Tem como base o alginato que reage quando encontra com fontes de cálcio.

Existem dois tipos de esferificação: a básica e a inversa. Ambas as técnicas têm os mesmos princípios, no entanto, baseado no teor de cálcio, acidez e teor alcoólico do líquido a ser usado, um método pode ser melhor que o outro.

Esferificação básica

Consiste na imersão de um líquido contendo alginato em banho de cálcio. O alginato é dissolvido no líquido em que se pretende fazer as esferas, enquanto a fonte de cálcio é dissolvida em água para o banho. Assim deve-se pingar o líquido no banho, formando as esferas. Recomenda-se servir as esferas imediatamente para não perder o efeito de o interior ser líquido. Como o gelificando (alginato) está no interior, no encontro com cálcio, ele tende a endurecer por completo após algum tempo.

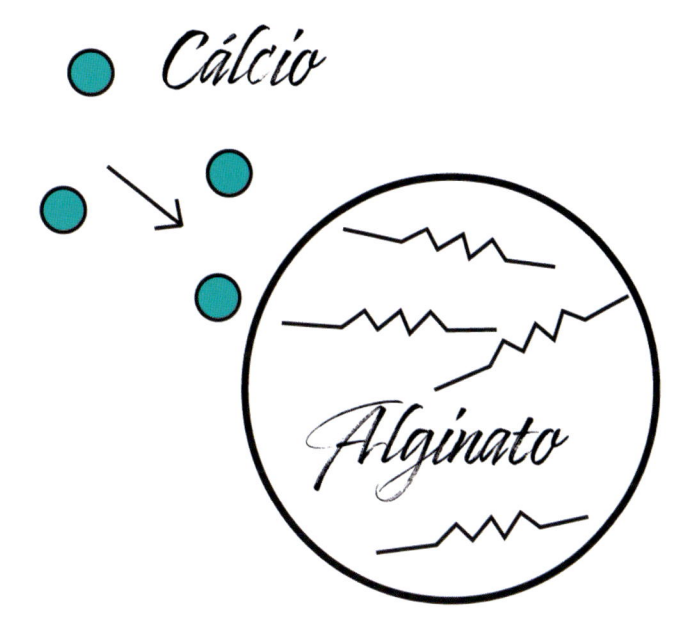

Quando falamos em esferificação básica, a fazemos com produtos "básicos", ou seja, frutas, verduras e legumes, produtos que não tenham muita alteração de acidez, sal, gordura, etc.

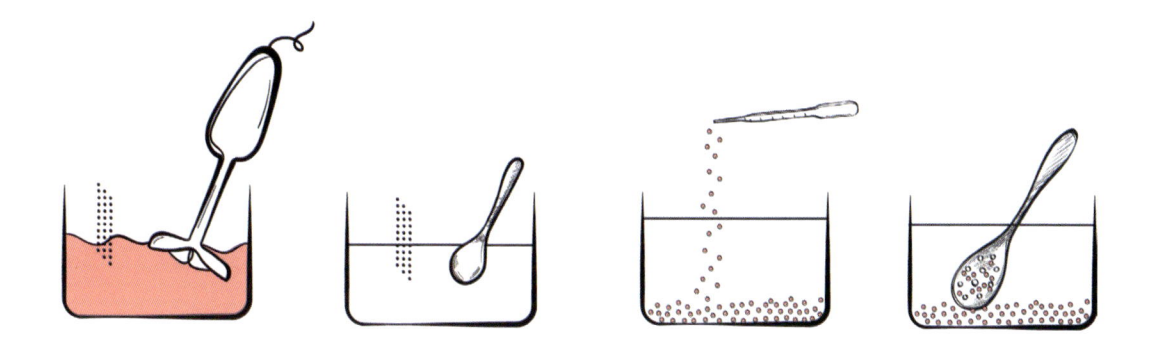

Esferificação inversa

Consiste na imersão de um líquido contendo cálcio em banho de alginato. A fonte de cálcio é dissolvida no líquido a ser esferificado e o alginato é dissolvido em água para o banho. Com esta técnica é possível esferificar bases com alto teor de cálcio como cremes, iogurtes, etc., e também líquidos com alto teor alcoólicos. Como o gelificante está no banho, desta maneira, após retirado do banho e passado em água limpa, as esferas podem ser armazenadas para serem servidas posteriormente, uma vez que a gelificação das paredes param, deixando sempre o interior líquido.

Para se ter padrão nas esferas, indica-se o uso de molde de silicone onde é colocado o líquido e levado ao congelador. Após congelado, coloca-se as esferas no banho de alginato onde irão descongelar e criar parece gelificada. As esferas podem também ser aquecidas a até 60°C para serem servidas, se necessário.

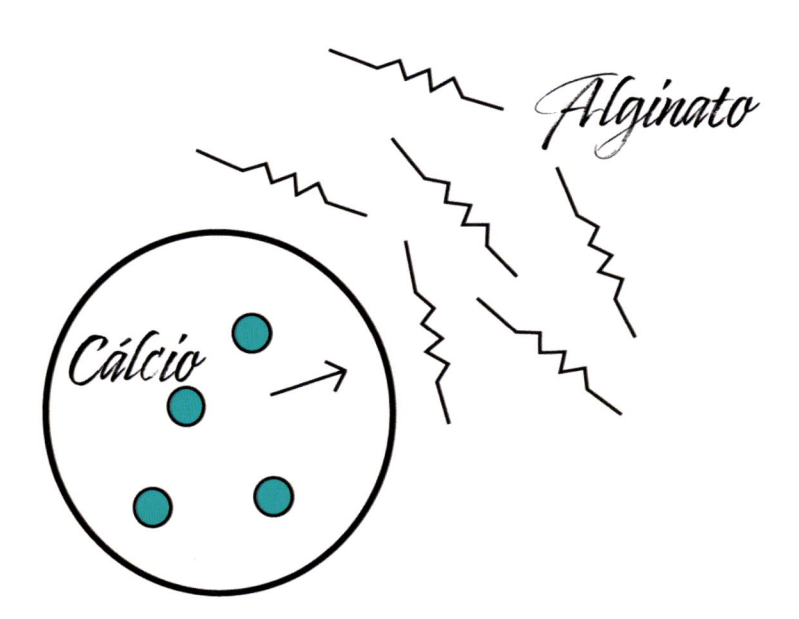

Na esferificação inversa conseguimos atuar com mais produtos, mesmo tendo mais sal, mais acidez e até mesmo bebidas alcoólicas. Produtos gordurosos não conseguimos esferificar tão facilmente, como o caviar de azeite. Para isso, precisamos de uma encapsuladora que faz as duas técnicas em milésimos de segundos.

São utilizados basicamente 1% de alginato e 1% da fonte de cálcio para a esferificação.

Por não alterar o sabor, indicamos o uso do glucolactato de cálcio para ambas as esferificações.

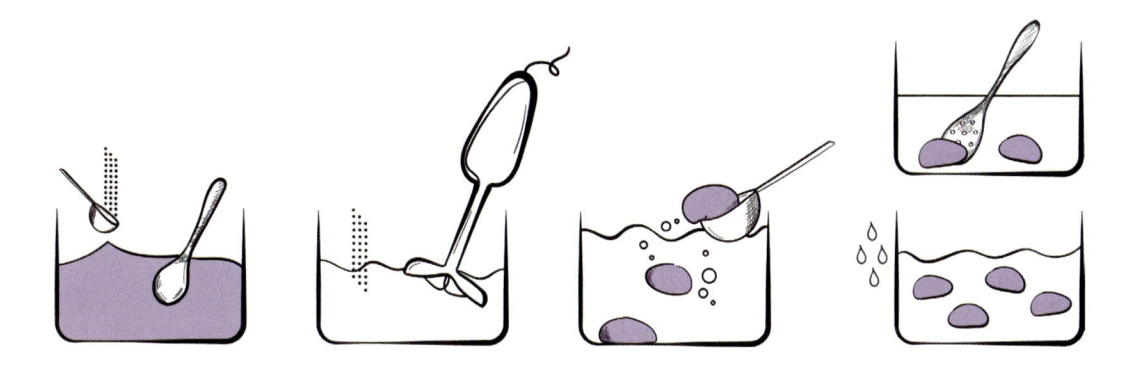

Dicas para esferificação

1. Dissolver completamente o alginato com a ajuda de um liquidificador ou mixer.

2. Deixar a solução de alginato descansar para que as bolhas de ar aprisionados possam escapar. Isso pode levar até 24h, especialmente com o banho de alginato usado na esferificação inversa. Melhor preparar com antecedência e deixar na geladeira.

3. Para esferificação básica, se o líquido a ser esferificado for muito grosso, dissolver o alginato em água e em seguida misturar o líquido. O alginato deve ter certa de 1% do valor total de líquido.

4. Para esferificação básica, misture o alginato em um terço do líquido e em seguida adicione o restante do líquido. Isso reduz o número de bolhas de ar que vão ficar presas na solução.

5. Para esferificação inversa, deixar o banho de alginato em temperatura ambiente antes de usá-los para reduzir a viscosidade da solução.

6. Para esferificação inversa, o líquido a ser esferificado deve ser viscoso para que consiga formar as esferas.

7. Para esferificação inversa, despeje a solução de cálcio no banho de alginato, cuidadosamente, para alcançar a forma correta, isso pode levar algum tempo.

8. Na esferificação inversa, para ter padrão, usar uma forma de silicone esférica, congelar o líquido a ser esferificado e colocar cuidadosamente para não grudar umas às outras.

9. Para esferificação inversa, girar sempre as esferas para ter certeza que o banho de alginato passe por toda esfera e que a espessura da membrana fique uniforme em todos os lados.

10. Manter sempre os banhos limpos, para qualquer esferificação, para que as partículas não quebrem a membrana a ser formada.

A esferificação tornou-se uma técnica muito conhecida na gastronomia molecular e até hoje impressiona tanto como quando foi desenvolvida.

Gelificação

A gelificação é uma das técnicas mais comuns na indústria. No entanto, há uma tendência de desconsiderar a grande diversidade de gelificações que podem ser feitas na culinária. Dependendo da natureza e concentração de agentes gelificantes sendo usados, a textura pode variar de flexível e elástica para quebradiça. Isso permite que cozinheiros inovadores alcancem a exata textura desejada.

Apesar da ampla variedade de texturas possíveis, a gelificação simplesmente pode ser definida como uma mudança de líquido para o estado sólido. Este processo envolve uma mudança das moléculas que se alinham e se unem até que elas formem uma rede que aprisiona o líquido.

Esta rede se parece com malhas de uma rede que mantém todas as partículas em suspensão, impedindo a sua agregação e o colapso da estrutura.

No mercado existem vários gelificantes que são muito usados hoje na gastronomia molecular, os hidrocolóides.

Os hidrocolóides na gastronomia permitem formular várias texturas com diferentes níveis de temperaturas, pH e com alimentos que são impossíveis de serem gelificados com gelificantes comuns. Além disso, a concentração necessária para alcançar o resultado desejado é muitas vezes menor, o que é uma vantagem significativa que evita alterações excessivas no sabor.

A definição de hidrocolóide não está completamente estabelecida, mas a origem da palavra ajuda muito a entender o significado. Hidrocolóides tornam-se hidrato na água (daí o prefixo "hidro"). Uma vez que a solução é formada, impede a mobilidade da água até que se torne espessa ou gelificada. As longas moléculas que se unem para formar a gelificação através de vários estágios de preparação são chamadas de polímeros.

A força e o tipo de conexão determinam as características da gelificação.

Cada ingrediente para gelificação tem suas características específicas. Alguns para serem gelificados devem ser aquecidos, outros resfriados, é muito importante entender esse processo em cada um dos ingredientes para que o resultado final seja o desejado.

	AGAR	KAPPA	IOTA	GELLAN	METIL
Dosificação	Gel suave: 2 - 4g/L Gel duro: 5 - 10g/L	Gel suave: 2 - 4g/L Gel duro: 5 - 10g/L	Gel suave: 3g/L	Gel suave: 5g/L Gel duro: 13g/L	Gel suave: 7g/L Ação de cola: 30g/L
Hidratação	A partir de 80°C	A partir de 80°C	A partir de 80°C	A partir de 80°C	Em frio de 3°C
Temperatura de gelificação	43°C	48°C	36 - 38°C	70°C	45 - 50°C
Resistência térmica	70°C	70°C	60 - 70°C	70 - 80°C	50 - 60°C
Textura final	Firme, quebradiça, de corte limpo e com tendência a sinérese	Gel firme, quebradiço com tendência a sinérese	Flexível, viscosa que volta a elificar depois de agitação	Flexível e firme	Flexível e elástico
Transparência	Gel translúcido porém não transparente	Gel transparente	Gel translúcido porém não transparente	Gel transparente/amarelado	Transparente
Aplicação	Gelatinas quentes e frias	Gelatinas lácteas, coberturas, gelatinas ásperas	Gelatinas lácteas, gelatinas bebíveis	Gelatinas quentes e frias para moldar	Gelatinas quentes. No frio é líquida

A dispersão é um processo essencial para formação de um gel e espessamento da preparação. Um agente de coagulação impropriamente disperso irá ficar junto e formará protuberâncias que irão alterar a formação subsequente do gel. A dispersão deve permitir que as moléculas do agente gelificante sejam completamente cercadas por água, separando as partículas de pó. Para vários hidrocolóides (agar, alginato, goma gelano), isso requer agitação vigorosa da mistura com água fria.

A hidratação, em seguida, permite que a água penetre dentro das moléculas de hidrocolóide, que então facilitam reações, pois estão cercadas por água e suspensas no solvente. Este passo pode ser feito gradualmente por aquecimento ou refrigeração, de acordo com as características do gelificante usado. Agar, algumas gelatinas e a goma gelano precisam de aquecimento para hidratar. A hidratação do alginato requer resfriamento.

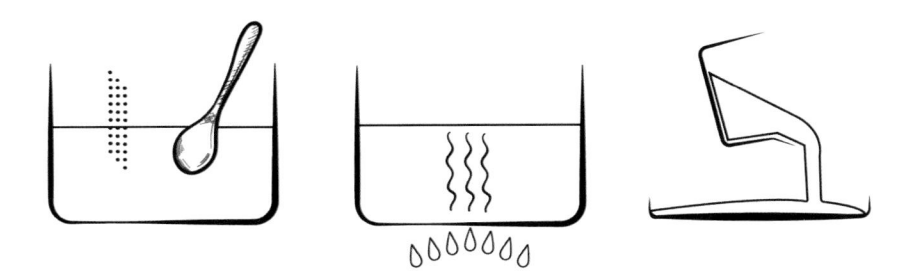

Géis

Os géis tornaram-se cada vez mais populares no mundo da gastronomia.

Inicialmente utilizado apenas para sobremesas, eles encontraram agora um lugar entre os titulares e, às vezes, até no prato principal.

Isso tem ocorrido em vários lugares devido aos *chefs*, que estão mais conscientes da grande variedade de agentes de coagulação e suas diversas aplicações e propriedades.

Para a produção de géis, são usados mais comumente a gelatina, o agar e a goma xantana.

No caso do agar, basta usar uma pequena quantidade e não deixar o líquido que irá virar gel ferver; pelo seu poder espessante, vai criar géis muito brilhantes e lisos.

Ares e Espumas

Os ares ou espumas são sistemas constituídos por bolhas de ar dispersa em líquidos ou sólidos. Como exemplo de dispersões de gases em líquidos temos a espuma de cerveja e o creme do café, e de bases em sólidos o pão assado.

A formação destas estruturas envolve um processo de incorporação de ar, a formação de interfaces e, portanto, a utilização de um agente estabilizador (ou agente emulsionante), de forma que as espumas se tornem estáveis.

No caso de espumas sólidas como o pão, existe, durante o processo de sovar, incorporação de ar e a formação do glúten (estrutura proteica formada por uma rede tridimensional). Este tem propriedades viscoelásticas e retém o CO_2 formado durante a fermentação. Ao cozer a massa fermentada, a água evapora, mas a estrutura mantém-se, obtendo-se uma espuma sólida.

No caso de espumas líquidas, a fase líquida é na realidade constituída por uma mistura de líquidos com estabilizadores (ou emulsionantes). Estas substâncias têm na sua estrutura uma zona hidrofílica, polar, que se liga à água, e uma zona hidrofóbica, que fica voltada para o ar, o que lhes confere a propriedade estabilizadora.

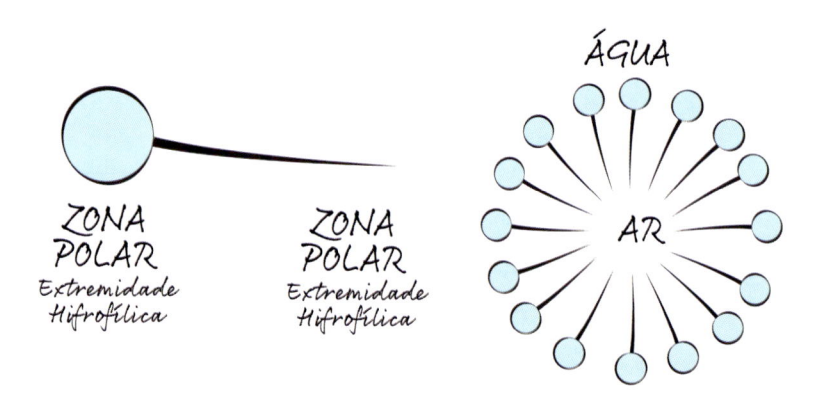

ZONA POLAR
Extremidade Hifrofílica

ZONA POLAR
Extremidade Hifrofílica

ÁGUA

AR

Formar ar ou espuma nada mais é do que colocar ar dentro de algum líquido, como suco, purê, caldo ou sopa, que pode ser misturado com a agente estabilizante para ser formado.

Ares podem ser feitos usando mixer, formando um ar bem leve, parecido com o que conseguimos com detergentes e, para isso, deve-se utilizar algum ingrediente estabilizante como a lecitina de soja. Já para formação de espumas, precisamos de um sifão específico para isso, junto com o gás (óxido nitroso) e algum agente estabilizante.

Os ares e as espumas são uma ótima maneira de adicionar um elemento de sabor para o prato. Eles também são visualmente atraentes quando usados de maneira certa.

Ares

Para criar ares, usualmente é utilizado a lecitina de soja, facilmente encontrada em pó ou líquido.

Uma concentração de 0,5 a 1% de lecitina é suficiente para criar um ar estável. A lecitina produz ares frios muito bons e é solúvel em soluções frias. Sua eficácia é prejudicada em altas temperaturas, então qualquer temperatura até 70°C deve produzir ar estável, com alto rendimento. Sucos produzem ares muito bons e de maneira muito simples. Tudo o que é necessário é coar o suco, adicionar 1% de lecitina e misturar com ajuda de um mixer.

Dicas para Ares

1. Use um mixer para misturar a lecitina e criar ar mais facilmente.
2. Adicionar muita lecitina pode desestabilizar o ar.
3. Um motor de aquário com a pedra porosa é a maneira mais fácil para criar ar.

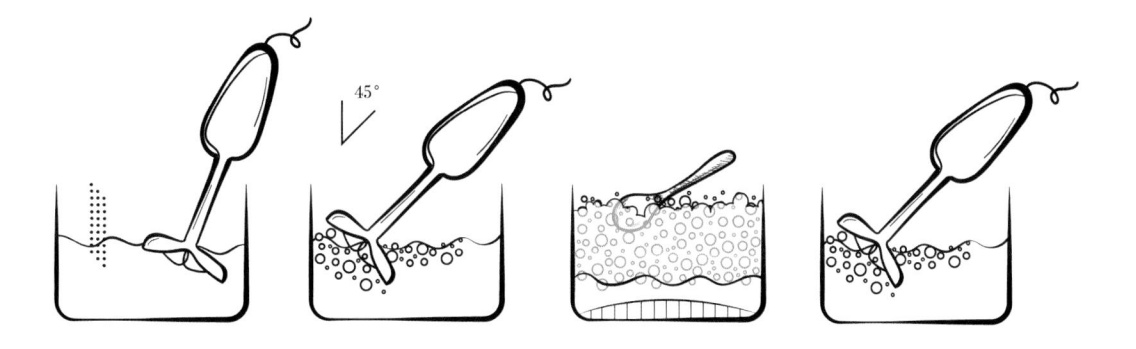

Espumas

Apesar de sua recente ascensão e popularidade, essa técnica não é nova.

Espumas estiveram ao redor do mundo por muito tempo. Merengues, mousses, marshmallows e chantilly são alguns tipos de espumas conhecidas, mas foi o *chef* Ferran Adrià que em 1994 desenvolveu o potencial de espumas, usando a ciência para produzí-las e que hoje são usadas em todo mundo.

Na verdade, quando Ferran Adrià desenvolveu esta técnica e compartilhou com o público, ele pegou o mundo culinário em tempestade e todos os *chefs* começaram a usar, independente se a técnica funcionou ou teve valor acrescentado. Apesar disso, ainda é uma técnica culinária popular que os cozinheiros, hoje, usam mais confortavelmente.

O volume de espuma feito com sifão chega a ser até 4 vezes maior que o volume inicial.

Quando usamos algum tipo de hidrocolóide na receita, é necessário um período de 30 minutos dentro do sifão para produzir um volume maior. Ele precisa deste tempo para a hidratação.

Quando pensamos em espumas, devemos tirar a ideia inicial que apenas a consistência do chantilly é a correta, as espumas podem ter várias densidades como apresentadas no quadro abaixo:

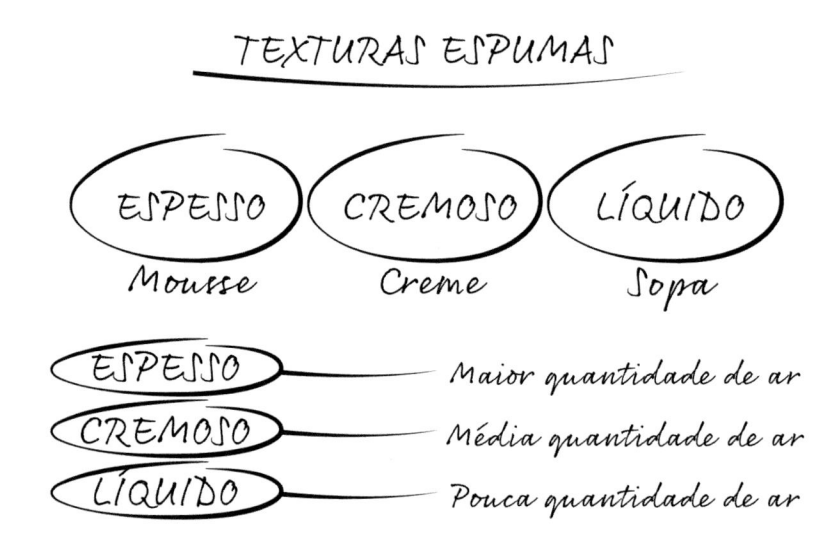

TEXTURAS ESPUMAS

- ESPESSO — Mousse
- CREMOSO — Creme
- LÍQUIDO — Sopa

- ESPESSO — Maior quantidade de ar
- CREMOSO — Média quantidade de ar
- LÍQUIDO — Pouca quantidade de ar

Antes de criarmos nossa espuma, devemos pensar qual textura que queremos alcançar, qual o sabor e entender os ingredientes que temos como base para que a espuma possa ser formada. Além de espumas frias, com a garrafa iSi Gourmet Whip é possível fazer espumas quentes, pois a garrafa pode ser levada a banho-maria.

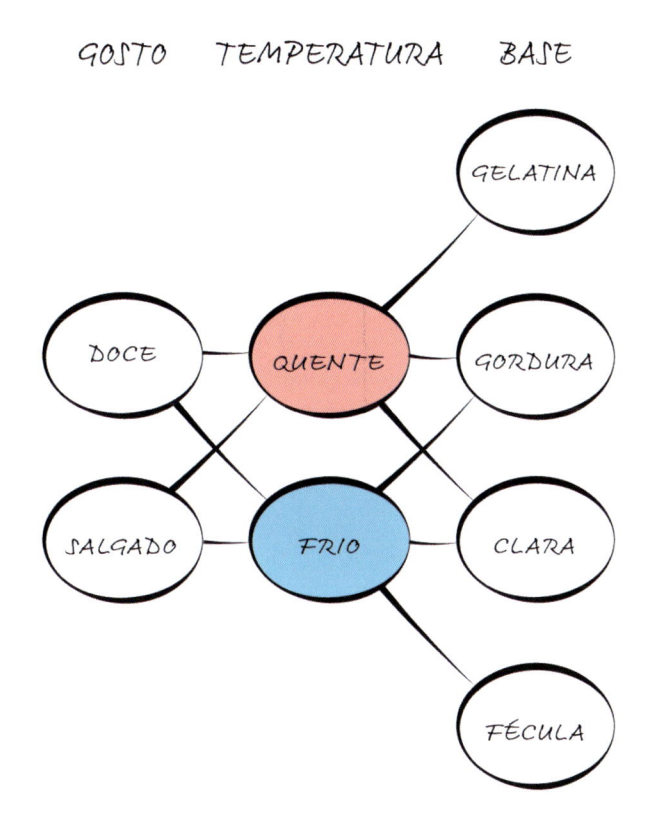

GOSTO   TEMPERATURA   BASE

- QUENTE: GELATINA, GORDURA
- FRIO: CLARA, FÉCULA
- DOCE, SALGADO → QUENTE / FRIO

A base para espumas pode ser alcançada de várias maneiras, seja com gorduras, amidos ou até mesmo com produtos específicos para espumas, como encontramos facilmente pela Europa. O fato é que criar espumas requer poucos recursos e os resultados são maravilhosos.

Seja como prato principal ou apenas uma finalização, além de deixar um charme especial, as espumas geram uma nova experimentação de textura, antes não conseguida de maneira manual, tendo melhores resultados quando utilizamos um sifão gourmet.

Dicas para espumas

1. O sifão deve ser agitado antes de cada utilização.
2. Encher o sifão até a marca indicada pelo fabricante.
3. Usar o sifão adequado para espumas e preparações quentes, como é o caso do iSi Gourmet Whip.
4. Utilizar o gás adequado (óxido nitroso) para fazer as espumas.
5. A textura da espuma será de acordo com o líquido colocado no sifão. Se o líquido for muito grosso e pesado, pode não ser possível criar a espuma.
6. Todos os líquidos colocados no sifão devem ser peneirados para evitar o entupimento do bico injetor.

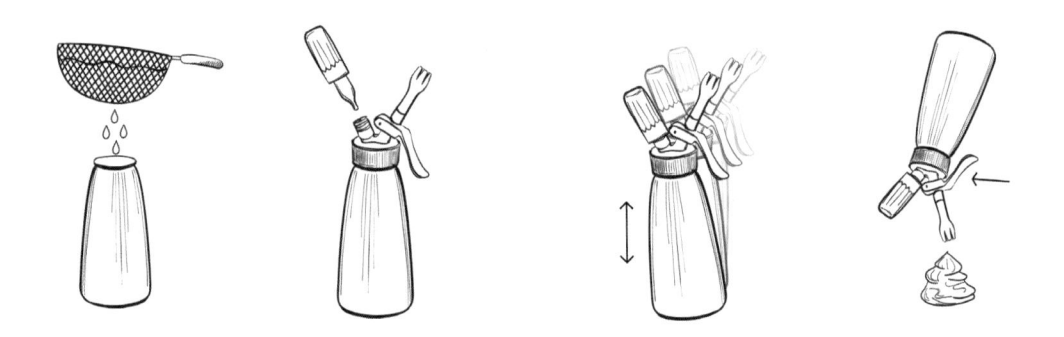

Defumação instantânea

A defumação é o processo de expor alguns tipos de alimentos à fumaça proveniente da queima de partes de plantas, com o objetivo de os conservar e melhorar o seu sabor. Os alimentos que frequentemente são defumados são as carnes, em especial os enchidos (embutidos), e certos peixes como, por exemplo, o salmão. Os produtos defumados têm boa aceitação no mercado e são prontos para consumo, não necessitando de qualquer outra forma de preparo adicional.

Para defumação instantânea podemos destacar a fumaça líquida e o *The Smoking Gun*. Ambas as maneiras são simples de serem realizadas e servem para adicionar ou intensificar o sabor em alimentos já defumados.

A defumação é um sabor que não necessariamente irá afetar a textura ou sabor dos alimentos. Se for colocado somente a fumaça feita com o *The Smoking Gun* na finalização de um prato por exemplo, ao fechar o nariz, pouco se nota em sabor ao comer.

A fumaça líquida é feita a partir da queima de lascas de madeira em uma câmara de combustão que enche de fumaça. A fumaça passa através de um tubo para um condensador, onde esfria e passa de líquida para sólida, e, em seguida, se dissolve em água. O resultado é um líquido normalmente escuro, com forte aroma esfumaçado.

Já o *The Smoking Gun*, é um aparelho da Polyscience, empresa que fabrica vários equipamentos para cozinha moderna, em que basta adicionar serragem em um local específico, queimar com algum acendedor e ligar o motor que automaticamente solta a fumaça através de um cano para o local desejado. Esta fumaça pode ser colocada com antecedência para que os sabores sejam penetrados melhor, por exemplo, um pedaço de carne que pode ser colocada em uma vasilha, fechada com um filme plástico e por uma pequena abertura, introduzir a fumaça para que impregne bem na carne. Ou somente na finalização, como usado por muitos *chefs*, que colocam pequenas porções em panelinhas que são levadas a mesa fechadas e na hora que o consumidor abre, a fumaça sobe, deixando um delicioso cheiro de defumado no ar.

Colagem de proteína

A utilização de uma enzima natural chamada transglutaminase entre os cozinheiros não é novidade. Há muito tempo o mercado se utiliza deste ingrediente nas indústrias alimentícias, principalmente de embutidos, mas também na produção de iogurte (para engrossar e reduzir a perda de água, massas e pão (para textura).

A transglutaminase não muda o sabor ou a textura do alimento – ela simplesmente une tecido animal. Isso permite ao cozinheiro criar combinações novas ou simplesmente juntar partes de uma peça, evitando assim o desperdício do alimento.

Encontrada em pó, sua manipulação é bem simples, tendo duas maneiras mais fáceis para ser aplicada. A primeira é polvilhar levemente e uniformemente o pó sobre a superfície da carne usando uma peneira fina ou um polvilhador. A segunda é misturar com água e passar sobre a carne. Após este processo, os dois pedaços da carne devem ser juntados e pressionados, removendo qualquer bolha de ar entre eles, enrolado em filme plástico ou embalado a vácuo e levado a geladeira por 3 horas para que o processo de ligação ocorra.

Há uma outra maneira conhecida como calor de configuração que faz o processo ser muito mais rápido (entre 5 e 20 minutos), mas exige muito mais cuidado a atenção. A temperatura necessária é entre 50°C e 58°C, e a comida deve atingir uma temperatura central de 55°C. Isto é feito com mais precisão imergindo o alimento já com a transglutaminase em banho-maria e deixando até que sua temperatura atinja o nível de ligação por 5 minutos. Uma vez que a ligação foi feita, o alimento pode ser removido e cozido para servir.

Dicas para colagem de proteínas

1. Pense cuidadosamente sobre quais carnes grudar, pois cada carne tem seu tempo de cocção.

2. Após colada, evite perfurar a comida para não quebrar as ligações criadas.

3. Carnes cozidas e depois coladas não terão a ligação tão forte como carnes cruas.

4. Usar sempre carnes frescas para evitar o desenvolvimento de bactérias.
5. A quantidade de transglutaminase normalmente usada é de 1% do peso.
6. Retirar do congelador apenas a quantidade de produto suficiente para manipulação, retardando assim o vencimento.
7. Cuidado com a manipulação, principalmente com a respiração e olhos.

Infusão rápida

A infusão rápida é uma técnica que permite infundir em instantes o sabor de ingredientes como grãos, castas de frutas ou ervas em um líquido. A infusão rápida tem sido muito usada por cozinheiros e mixólogos.

Em métodos tradicionais, a infusão é feita ou por aquecimento do líquido e posteriormente colocando os ingredientes para infusão ou deixando a infusão pronta por dias para que os sabores se misturem.

Fazer infusão quente com bebidas alcoólicas por exemplo, faz com que o álcool evapore, perdendo assim suas características. O mesmo acontece com o azeite extra virgem que pode ter suas características alteradas após aquecido.

Recentemente foi criada a técnica de infusão rápida, onde com um sifão iSi e gás, se pode criar infusões em minutos.

A infusão rápida funciona usando a pressão que é construída no sifão para forçar o líquido para o ingrediente de infusão. Uma vez que a pressão é liberada, os líquidos são empurrados para fora do ingrediente de infusão juntamente com moléculas de sabor, que depois se dissipa no líquido.

Na maioria das infusões usamos o óxido nitroso, pois não deixa qualquer sabor. Porém temos que tomar cuidado com o dióxido de carbono, usado nos refrigerantes. Este deixa um sabor carbonatado nos alimentos, não sendo indicado na maioria das infusões. No caso de colocar gás em frutas, como uvas por exemplo, usamos o dióxido de carbono.

A manipulação é bem simples, basta colocar o líquido a ser infundido no sifão iSi, em seguida colocar os ingredientes, selar a garrafa e colocar o gás. Agitar bem e deixe descansar por certa de 5 minutos. Cada alimento a ser infundido pode ter uma variação de tempo, bem como de sabor, por isso é importante testar para que fique da maneira deseja, alimentos amargos, por exemplo se demorar muito podem deixar um sabor muito forte e ruim. Após o tempo de descanso, retirar o ar com o acessório para este processo e abrir a garrafa, peneirar para descartar os ingredientes de infusão e utilizar o líquido da maneira desejada.

Desidratação

A desidratação é uma técnica milenar usada para conservação dos alimentos, assim os tendo disponíveis o ano todo.

Essa desidratação pode ser feita de muitas maneiras, mas a mais fácil e a mais usada é através de câmaras de secagem tipo cabine, com bandejas de circulação forçada de ar quente. Os equipamentos de secagem podem ser classificados de diversas maneiras, por exemplo, de acordo com o fluxo de carga e descarga (contínuo ou intermitente), pressão utilizada (atmosférica ou vácuo), método de aquecimento (direto ou indireto), ou ainda de acordo com o sistema utilizado para o fornecimento de calor (convecção, condução, radiação ou dielétricos).

A variação de tempo e temperatura varia de acordo com o alimento a ser desidratado, a espessura que está cortando, etc.

Nos últimos anos, *chefs* como Ferran Adrià utilizam da técnica de desidratação também para criar elementos diferentes, inclusive Adrià desenvolveu uma técnica chamada *Croquanter*, onde a partir de formas, criações que podem ser feitas com purês de frutas e iogurtes são desidratadas e ganham formatos diferentes.

Nos desidratadores é possível também criar merengues secos, que após feitos, são colocados no aparelho deixando uma textura muito diferente com a aparência convencional.

A desidratação é um processo demorado que pode levar mais de 48 horas para alcançar o resultado desejado. Após desidratados, os alimentos devem ser armazenados em recipientes hermeticamente fechados para evitar que a umidade do ar penetre e perca a crocância.

Liofilização

A liofilização é o mais nobre processo de conservação de produtos biológicos conhecido, pois envolve os dois métodos mais confiáveis de conservação, o congelamento e a desidratação.

Sem conservantes ou produtos químicos, é o processo mais adequado para preservar células, enzimas, vacinas, vírus, leveduras, soros, derivados sanguíneos, algas, bem como frutas, vegetais, carnes, peixes e alimentos em geral.

Para ser liofilizado, o produto deve estar congelado a uma temperatura bem baixa, geralmente abaixo de -30°C, e depois ser submetido a uma pressão negativa (vácuo), fazendo com que a água dos produtos seja retirada por sublimação, ou seja, passe diretamente do estado sólido para o estado gasoso. O resultado final é um produto com uma estrutura porosa livre de umidade e capaz de ser reconstituída pela simples adição de água. Todo este processo é feito por máquinas liofilizadoras que tem um alto custo e são bastante utilizadas pela indústria. Porém, alguns restaurantes, como o *El Celler de Can Rocca* em Girona, na Espanha, possuem em sua cozinha uma máquina como esta, podendo ter a qualquer momento seu produto liofilizado.

Desta forma, os produtos liofilizados não sofrem alterações de tamanho, textura, cor, sabor, aroma, teor de vitaminas, sais minerais, proteínas, etc. e, quando conservados adequadamente, mesmo em temperatura ambiente, resistem intactos por muitos anos.

Produtos liofilizados têm baixo peso – a maioria dos produtos naturais possui mais de 80% de água – se conservam mesmo em temperatura ambiente e, quando reconstituídos, retomam suas propriedades originais como nenhum outro produto desidratado.

Entre os produtos alimentícios que são conservados por liofilização destacam-se café em pó, mariscos, carne, peixe, ervas aromáticas, frutas e hortaliças (morangos, framboesas, aspargos), cogumelos, alimentos infantis, preparações (café com leite, sopas), leite, queijo, iogurte, ovo, condimentos e extratos solúveis. Também são submetidas ao processo, dietas completas (também chamadas de rações) onde podem se incluir refeições pré-cozidas para o uso militar, viagens espaciais e expedições e esportes específicos.

Os liofilizadores constituem-se basicamente pelos elementos: câmara de vácuo, fonte de calor, condensador e bomba de vácuo. A câmara de vácuo (onde o alimento fica contido) tem por objetivo diminuir a pressão, para que não ocorra fusão do gelo, esta pode ser de forma retangular, que permite o aproveitamento do espaço inteiro mais facilmente, ou pode ser cilíndrica, que apresenta uma maior resistência à pressão. A fonte de calor tem a finalidade de suprir calor latente de sublimação. O condensador é formado por serpentinas de refrigeração que transformam os vapores diretamente em gelo (executando a chamada sublimação inversa), este é adaptado com dispositivos automáticos de descongelamento a fim de manter área máxima de serpentina livre para que haja uma maior eficiência do processo, tendo em vista que a maior parte do consumo de energia ocorre na refrigeração dos condensadores, estes dispositivos proporcionam economia na liofilização. A bomba de vácuo tem a finalidade de remover os vapores não condensáveis.

Existem diversos tipos de liofilizadores, diferenciando-se em detrimento do modo como se proporciona calor para a superfície do alimento. Os tipos que utilizam condução e radiação são utilizados comercialmente e atualmente, também se utiliza a liofilização por micro-ondas.

Cada um destes tipos de secadores pode ser encontrado tanto na versão contínua como em batelada. Na secagem por batelada, o produto é fechado dentro da câmara de secagem mantendo-se a temperatura do aquecedor entre 100 e 120°C para a secagem inicial, sendo gradualmente reduzida durante o período de secagem de 6 a 8 horas. As condições de secagem são diferenciadas para cada alimento, mas a temperatura da superfície do alimento não deve ultrapassar os 60°C, por ser uma temperatura estipulada com a finalidade de evitar a desnaturação proteica.

Na liofilização contínua, as bandejas com o alimento são colocadas em carros que entram e saem do secador mediante comportas de segurança. Uma pilha de bandejas, intercalada pelas placas de aquecimento, é movida sobre trilhos ao longo das zonas de aquecimento de uma longa câmara de vácuo. As temperaturas dos aquecedores e os tempos de permanência do produto em cada zona, são pré-programados de acordo com o tipo e o volume do alimento, sendo utilizados microprocessadores para este monitoramento assim como para o controle do tempo do processo, temperatura, pressão da câmara e a temperatura na superfície do alimento. Atualmente, já existem outros equipamentos onde se dispensa a utilização de bandejas e o alimento move-se no liofilizador por meio de esteiras rolantes, bases fluidizadas ou por atomização.

Fermentação

A fermentação é uma técnica milenar que sofreu um recente *revival* no mundo de grandes cozinheiros modernos.

Os produtos fermentados mais comuns são chucrute e outros alimentos em conserva.

Você provavelmente está familiarizado com um grande número de alimentos fermentados e que nem imagina.

Quando você estiver comendo uma torrada no café da manhã, ou qualquer pão, estará comendo um produto que foi fermentado – o mesmo vale para queijos, carnes curadas e iogurte. Bebidas alcoólicas como vinho, cidra e a cerveja também passam pela fermentação.

A fermentação dos alimentos é feita pela introdução de boas bactérias ou fungos.

No processamento de alimentos, a fermentação geralmente refere-se a conversa de carboidratos, álcool e dióxido de carbono ou ácidos orgânicos, usando leveduras, bactérias ou uma combinação dos dois, em condições anaeróbias (onde o oxigênio não está presente).

A fermentação alcoólica é feita com leveduras. Estes podem ser encontrados em todos os lugares: em seu jardim, em suas mãos, no ar e na superfície de algumas frutas. Enquanto eles são membros da família de fungos e são seres vivos, eles podem sobreviver sem nenhum oxigênio e, mesmo assim, continuarão a quebrar açúcares. Esse tipo de fermentação ocorre na produção de bebidas alcoólicas e no aumento da massa do pão. É um processo biológico em que a levedura utiliza a fermentação alcoólica para quebrar açúcares, convertendo-os em energia celular e por este meio, produzindo etanol e dióxido de carbono como produtos de resíduos metabólicos.

A fermentação com ácido lático serve para todos os tipos de frutas e legumes, que são preservados usando este método. É bem simples, basta lavar e cortar suas frutas e legumes escolhidos, misturá-los com ervas ou especiarias e sal, depois pressionar para liberar parcialmente seus sucos e colocar em um recipiente hermético. Manter o recipiente firmemente fechado a temperatura ambiente por 2-3 dias, permitindo que as bactérias boas se proliferem.

O sal impede a bactéria de putrefação até que o suficiente de ácido lático é criado, preservando assim a comida por meses.

Neste ponto, os alimentos fermentados podem ser armazenados na geladeira.

A fermentação na cozinha moderna explica porque essa técnica milenar de conservação de alimentos está passando por um *revival* pelos principais *chefs* do mundo. Alimentos fermentados são saudáveis, repletos de umâmi, mas o mais importante: a fermentação oferece aos *chefs* uma nova maneira de melhorar, transformar e, em alguns casos, aumentar os sabores dos alimentos.

Como outras recentes tendências culinárias (incluindo a gastronomia molecular e o *slow food*), a fermentação é um território fresco para expressão criativa.

Criogenia

Sempre que pensamos em cozinha, pensamos em calor, em processos de cocção quente. Porém, pensando de uma maneira mais científica, cozinhar é sobre as reações físicas e químicas que alteram o estado dos ingredientes, deixando-os comestíveis.

Podemos dizer que a remoção do calor é uma forma igualmente viável de cozinhar. Isto pode parecer um pouco estranho, mas se pensar em um exemplo bem comum ficará mais fácil: o sorvete.

Com isso em mente, os cozinheiros modernos introduziram o nitrogênio líquido em suas cozinhas.

O nitrogênio líquido tem sido muito utilizado em demonstrações de gastronomia molecular principalmente pela nuvem instantânea que resulta da condensação do ar ambiente ser muito impressionante.

No entanto, além de seu efeito visual, há uma outra razão para a popularidade desta técnica, a sua capacidade de gelar rapidamente o que for preciso.

O congelamento a -4°C faz com que a água forme cristais maiores o que altera o produto inicial. Produtos congelados, assim, perdem muita água ao amolecer. A mudança radical na temperatura provocada pelo nitrogênio garante a formação de cristais de gelo muito pequenos, deixando a estrutura do produto intacta.

Na culinária, o nitrogênio líquido é usado apenas para resfriar. Não é um ingrediente, sendo assim nunca deve ser ingerido.

Ele resfria os alimentos, em seguida evapora. A comida pode ser ingerida somente depois que o nitrogênio líquido evaporou-se totalmente.

Quanto mais densa a comida, mais fria irá ficar, portanto muito cuidado para comer. Geralmente acontece quando cozinheiros mergulham suas produções como merengues e mousses.

Alguns cozinheiros utilizam as propriedades de refrigeração do nitrogênio líquido para tornar o sorvete extremamente suave. A cremosidade do sorvete é obtida devido a pequenos cristais de gelo formados durante o resfriamento. Com o nitrogênio líquido é possível congelar álcool para fazer coquetéis, como a caipirinha nitro, que não seria possível com técnicas tradicionais de congelamento.

No entanto, o frio extremo do nitrogênio líquido torna sua manipulação muito perigosa. É recomendado o uso de equipamentos de segurança.

Outras transformações

Espessar

Espessar não é uma técnica culinária nova ou espetacular, mas alguns agentes de espessantes utilizados na indústria de produtos alimentares são cada vez mais usados na cozinha criativa para adicionar um ligeiro toque em *cocktails* e pratos.

Sem dúvida, a goma xantana é um aditivo que está se tornando cada vez mais popular devido a sua capacidade de replicar uma textura cremosa, muitas vezes é usada como substituto de gorduras nas preparações. A cremosidade é criada pelos laços que unem as moléculas da goma, que por uma rede aprisiona o ar na preparação líquida. Essa mesma propriedade é também usada na mixologia molecular, na qual a goma xantana é usada em coquetéis para criar efeitos de suspensão, os drinques em camadas.

Criar pó

Transformar líquidos com alto teor de gordura em pó fino é possível graças ao uso de um aditivo chamado maltodextrina, este derivado de açúcar da tapioca, que vem sob a forma de um pó de baixa densidade.

A transformação em pó é um processo muito simples, basta adicionar o pó da maltodextrina no produto com alto teor de gordura e misturar até obter a textura desejada.

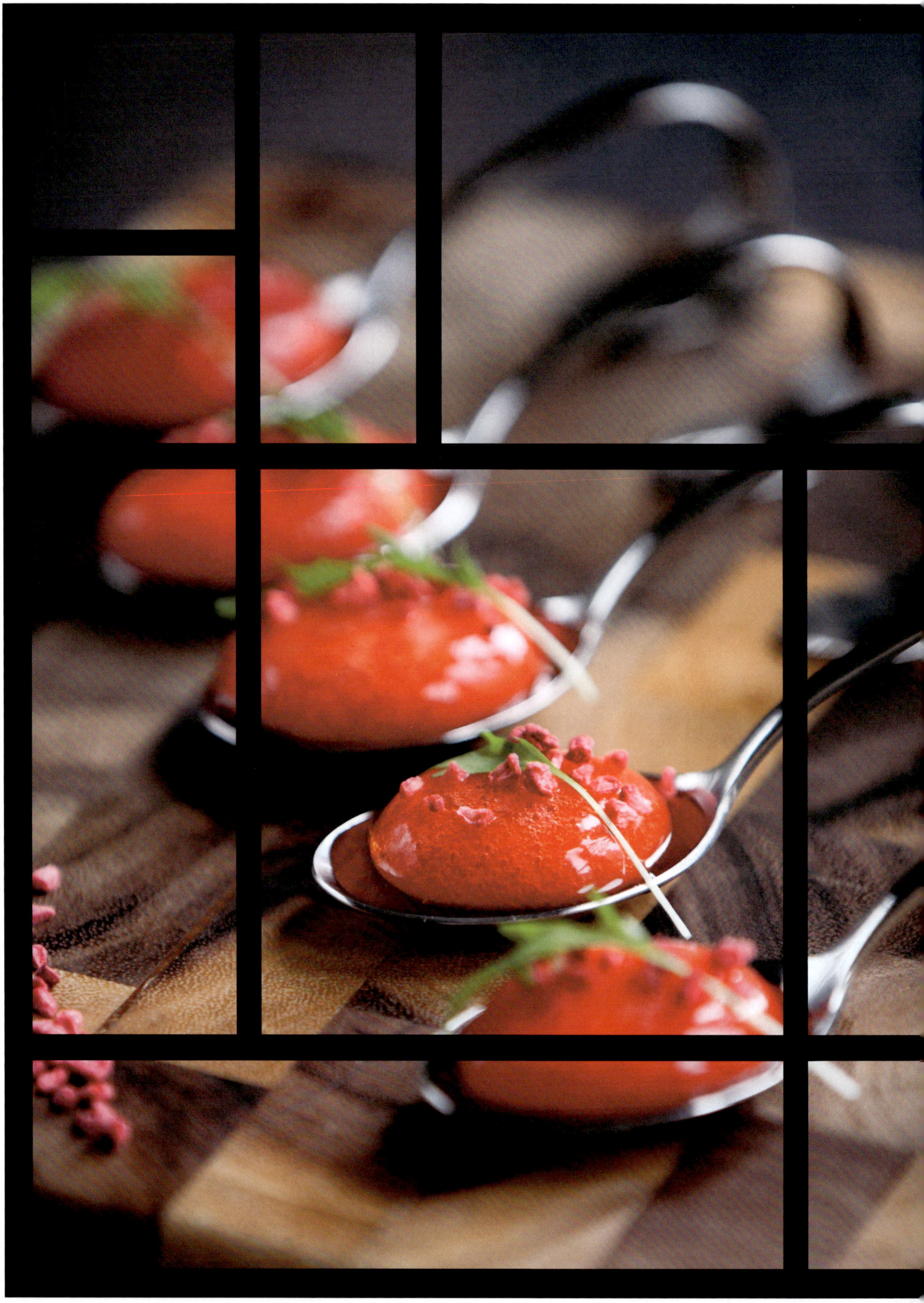

RECEITAS

RECEITAS

Antes de pensarmos em começar qualquer receita, temos que olhar cada palavra com carinho e entender onde aquele conjunto de letras e números vai nos levar e se de fato queremos aquele resultado final ou podemos dar nosso toque pessoal e chegar ao que queríamos.

Como em um restaurante, quando o garçom coloca um novo prato na frente do convidado, é a ponta do iceberg. Esse prato é o culminar de um longo processo que pode ter tido muitas voltas e mais voltas ao longo do caminho.

A cozinha é um metódico ciclo da vida, desde a primeira ideia até o resultado final. Durante esse processo, a aparência, o sabor ou a apresentação podem mudar muitas vezes.

Aroma

O olfato é aquele que é ativado primeiro quando um novo prato é colocado sobre a mesa. Se o convidado for atendido imediatamente com um aroma sedutor ainda reconhecível, um prato bem-sucedido criaria um nível de excitação, mas nunca invade a zona de conforto do cliente. O cheiro é extremamente importante.

Para enfatizar este sentido, há quem incorpore álcool em seus pratos, molhos e até mesmo no sorvete, pois o álcool libera as moléculas de aroma.

Textura

A boa textura dá uma boa sensação na boca.

Cada prato deve consistir em diferentes texturas, que misturam com eficiência os contrastes em composições surpreendentes.

Podemos trabalhar com elementos macios, crocantes, quentes, frios, duros, pesados, em borracha ou tenro, e todos tem que variar ao longo do menu.

Sabor

O sabor será sempre a parte mais importante do prato. Para isso, precisamos sempre aperfeiçoá-lo e buscar o equilíbrio perfeito entre doce, azedo, salgado, amargo e umâmi.

Uma coisa muito importante é que os sabores sejam realmente os mais importantes, sejam puros.

A melhor maneira de encontrar a essência de cada sabor é torná-lo a mais puro possível.

1 CAVIAR DE TOMATE
ESFERIFICAÇÃO BÁSICA

Para esfera

- 500ml de suco de tomate
- 5g de alginato

Para banho

- 500ml de água
- 5g de gluconolactato

1. Com um mixer, misture o suco de tomate com o alginato até dissolver por completo.
2. Misture a água com o gluconolactato e reserve.
3. Coloque o suco de tomate em uma bisnaga ou em uma pipeta e pingue o suco na água com o gluconolactato. Deixe por 40 segundos.
4. Retire e sirva da maneira desejada.

SÓ PRA VOCÊ

Pode ser temperado com um pouco de sal e pimenta do reino se desejar, mas não exagerar no sal, pois poderá ter problemas para esferificar.

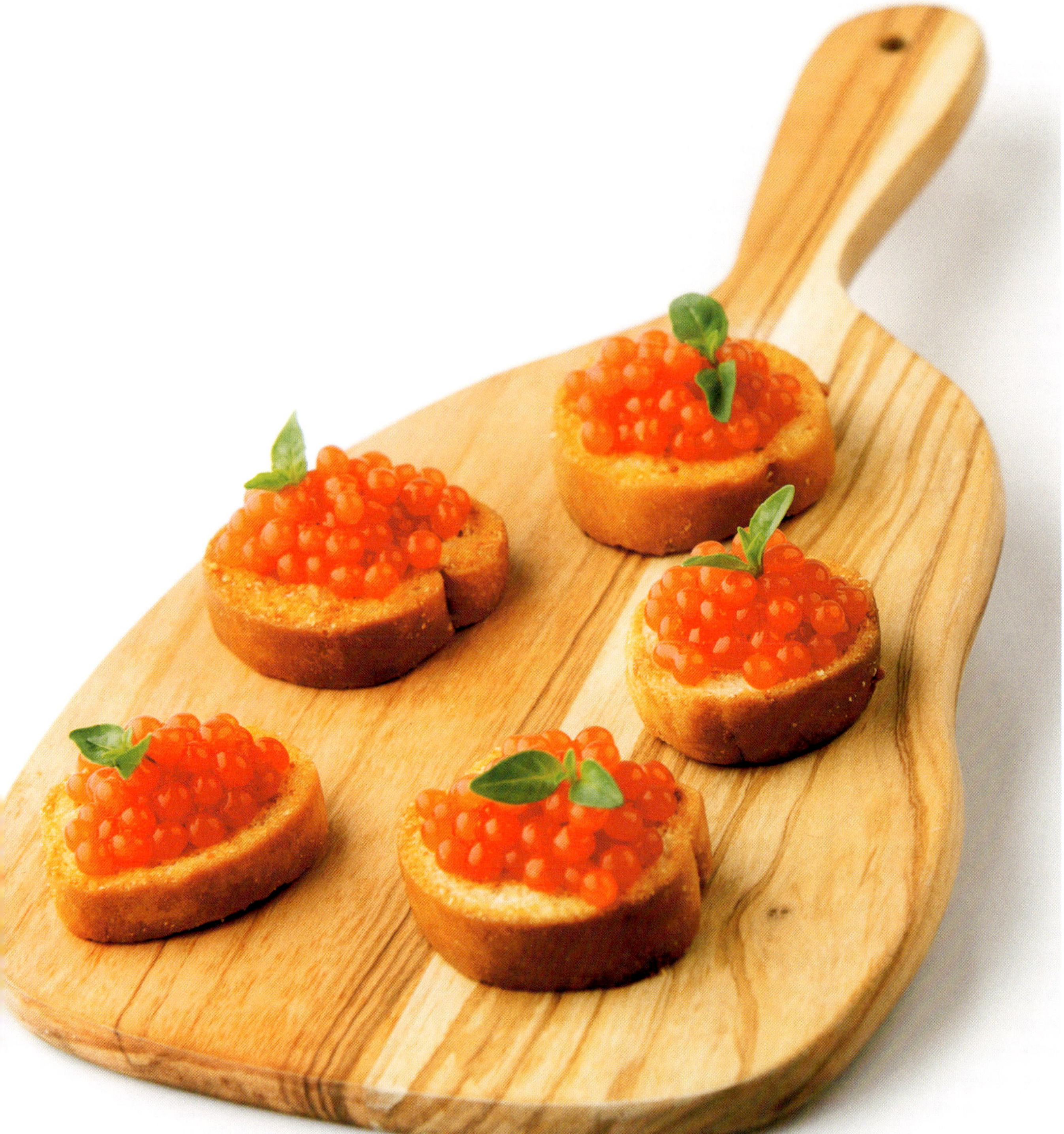

2 CAVIAR DE COENTRO
ESFERIFICAÇÃO BÁSICA

Para esfera
- *250ml de água*
- *50g de coentro*

Para banho
- *500ml de água*
- *2,5g de alginato*
- *5g de gluconolactato*

1. Triture coentro com 250ml de água e peneire.
2. Misture com o mixer ou liquidificador o suco de coentro e peneire, sobrando 250ml de suco.
3. Junte o suco de coentro com o alginato e com o mixer, misture até dissolver por completo. Reserve.
4. Misture os 500ml de água restantes com o gluconolactato e reserve.
5. Coloque o suco de coentro em uma bisnaga ou pipeta e pingue o suco na água com o gluconolactato. Deixe por 40 segundos.
6. Retire e sirva da maneira desejada.

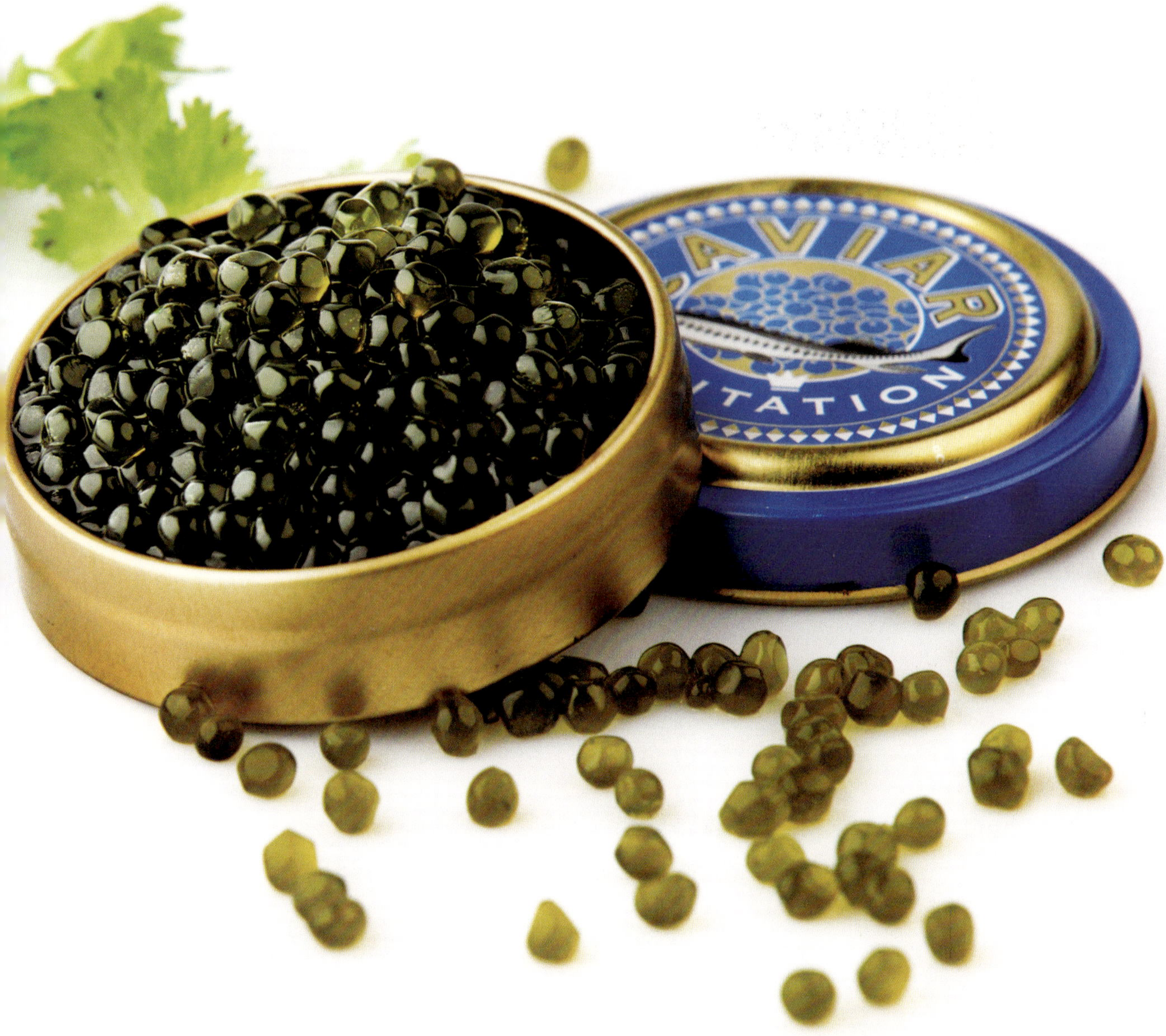
AVIAR
ITATION

3 | ESFERA DE MORANGO
ESFERIFICAÇÃO INVERSA

Para esfera
- *600g de morango*
- *Açúcar (a gosto)*
- *5g de gluconolactato*

Para banho
- *500ml de água*
- *5g de alginato*

1. Com um mixer ou liquidificador misture a água com o alginato até dissolver e deixe na geladeira por 4 horas para hidratar.
2. Triture os morangos, adoçando da maneira desejada. Deve ter o total de 500ml de suco de morango.
3. Junte o gluconolactato ao morango e misture bem até a completa dissolução. Não é necessário o uso do mixer.
4. Com uma colher medidora, pegue um pouco do suco de morango e coloque delicadamente na solução de alginato para formar uma esfera.
5. Com uma colher de esferificação, recubra cuidadosamente a parte de cima da esfera, caso ela não tenha submergido por completo.
6. Repita o processo, deixando as esferas longe umas das outras para não grudarem. Deixe no banho por 1 minuto.
7. Retire do banho e passe em um bowl com água limpa, apenas para retirar o líquido do banho que é viscoso, porém sem sabor.
8. Sirva da maneira desejada.

SÓ PRA VOCÊ

Esse processo também pode ser feito colocando o suco de morango já com o gluconolactato em formas de semi-esferas e levando para congelar. Após congelado, retirar da forma e colocar no banho, sempre tomando cuidado para que a esfera esteja submersa ao líquido, assim formará uma esfera por completo.

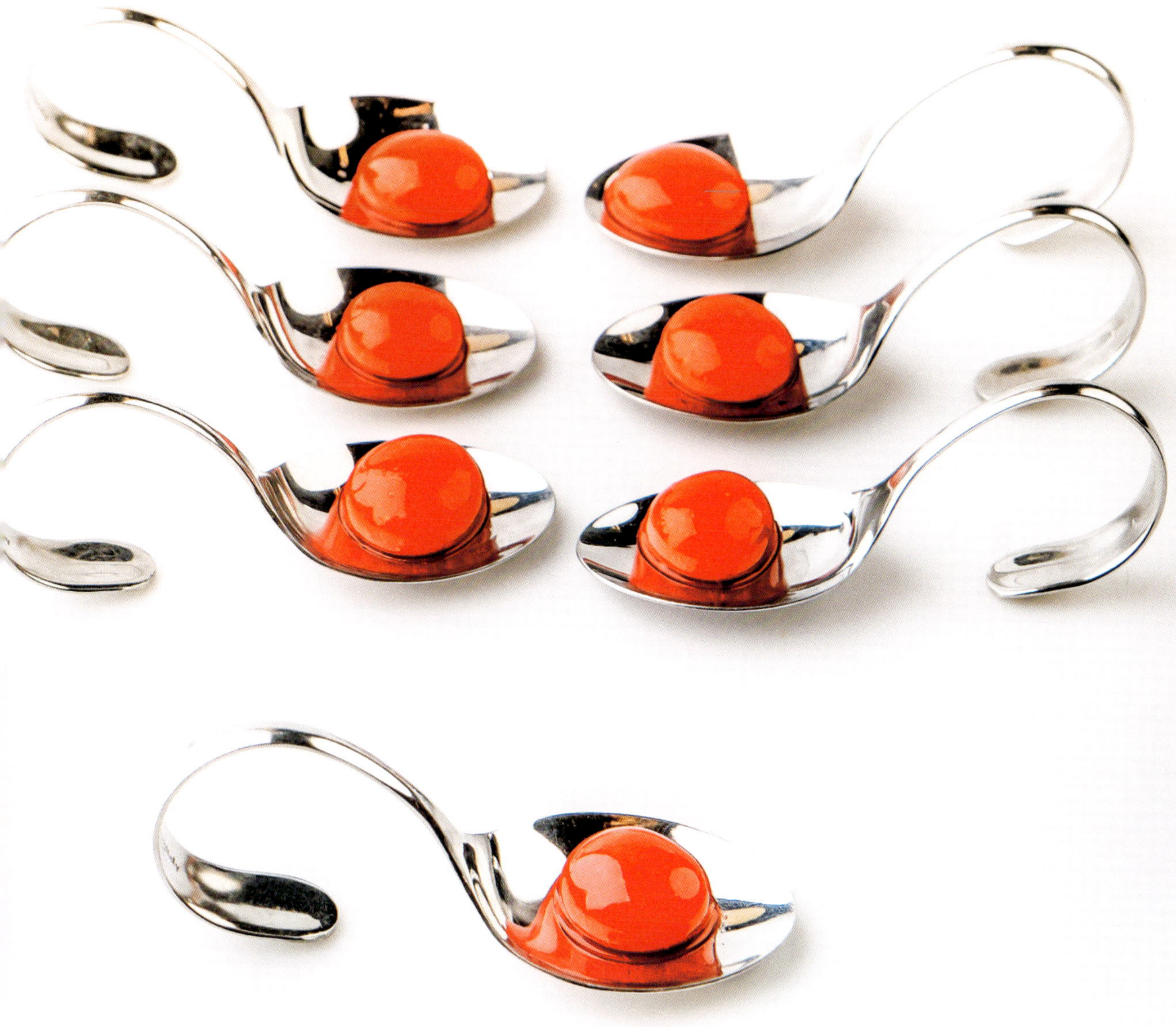

4 ESFERA DE IOGURTE
ESFERIFICAÇÃO INVERSA

Para esfera

- 250ml de iogurte grego
- 50ml de leite integral
- 3g de gluconolactato

Para banho

- 500ml de água
- 5g de alginato

1. Com um mixer ou liquidificador misture a água com o alginato até dissolver e deixe na geladeira por 4 horas para hidratar.
2. Misture o iogurte com o leite e junte o gluconolactato até dissolver por completo.
3. Com uma colher medidora, pegue um pouco do iogurte e coloque delicadamente na solução de alginato para formar uma esfera.
4. Com uma colher de esferificação, recubra cuidadosamente a parte de cima da esfera, caso ela não tenha submergido por completo.
5. Repita o processo, deixando as esferas longe umas das outras para não grudarem. Deixe no banho por 1 minuto.
6. Retire do banho e passe em um bowl com água limpa, apenas para retirar o líquido do banho que é viscoso, porém sem sabor.
7. Sirva da maneira desejada.

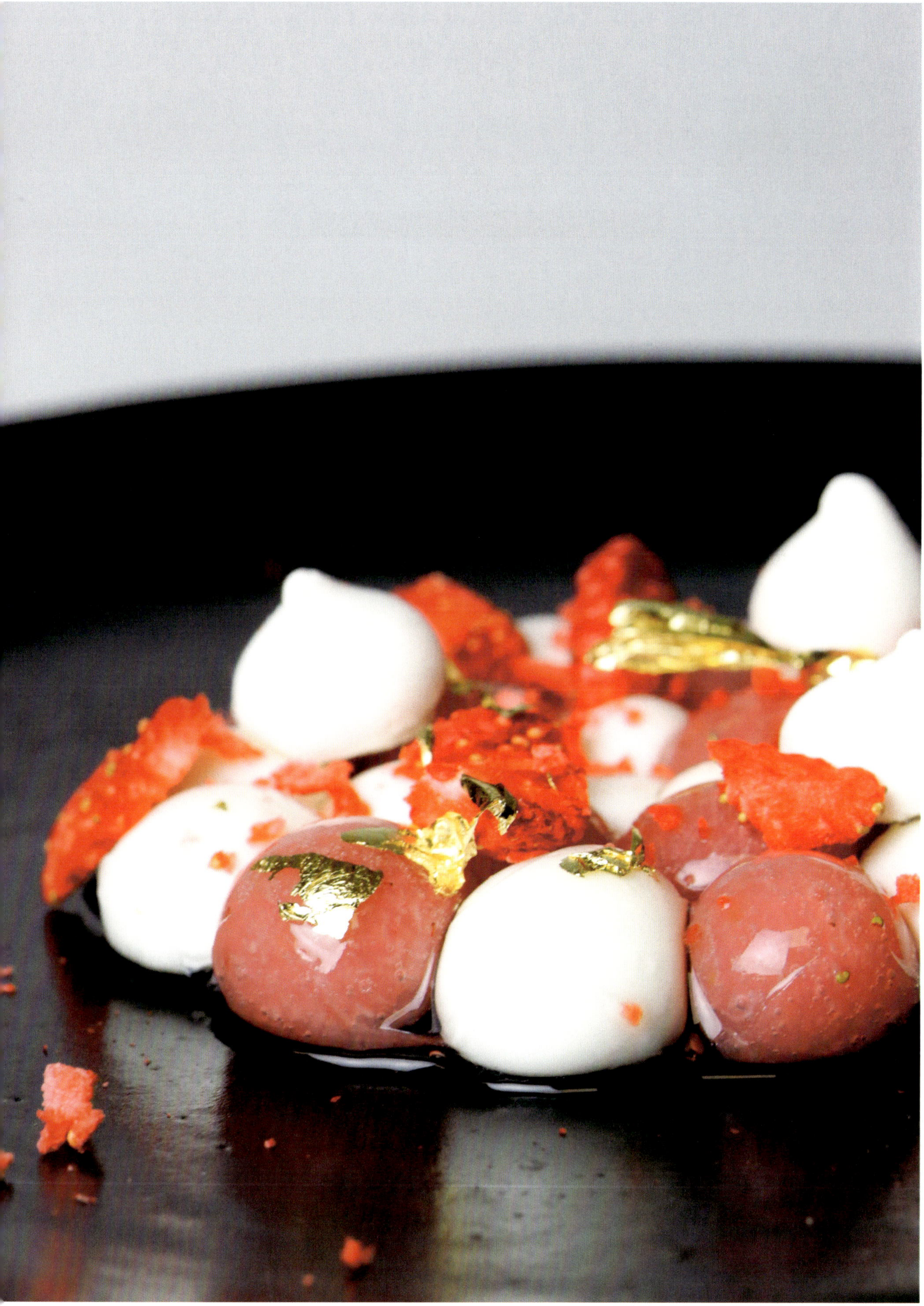

5 | ESFERA DE MANGA
ESFERIFICAÇÃO INVERSA

Para esfera

- *500g de manga*
- *5g de gluconolactato*

Para banho

- *500ml de água*
- *5g de alginato*

1. Com um mixer ou liquidificador misture a água com o alginato até dissolver e deixe na geladeira por 4 horas para hidratar.
2. Triturar a manga até obter um purê. Pode ser peneirado, caso prefira. Deve ter o total de 500ml de suco de manga.
3. Junte o gluconolactato ao purê e misture bem até a completa dissolução. Não é necessário o uso do mixer.
4. Com uma colher medidora, pegue um pouco do purê de manga e coloque delicadamente na solução de alginato para formar uma esfera.
5. Com uma colher de esferificação, recubra cuidadosamente a parte de cima da esfera, caso ela não tenha submergido por completo.
6. Repita o processo, deixando as esferas longe umas das outras para não grudarem. Deixe no banho por 1 minuto.
7. Retire do banho e passe em um bowl com água limpa, apenas para retirar o líquido do banho que é viscoso, porém sem sabor.
8. Sirva da maneira desejada.

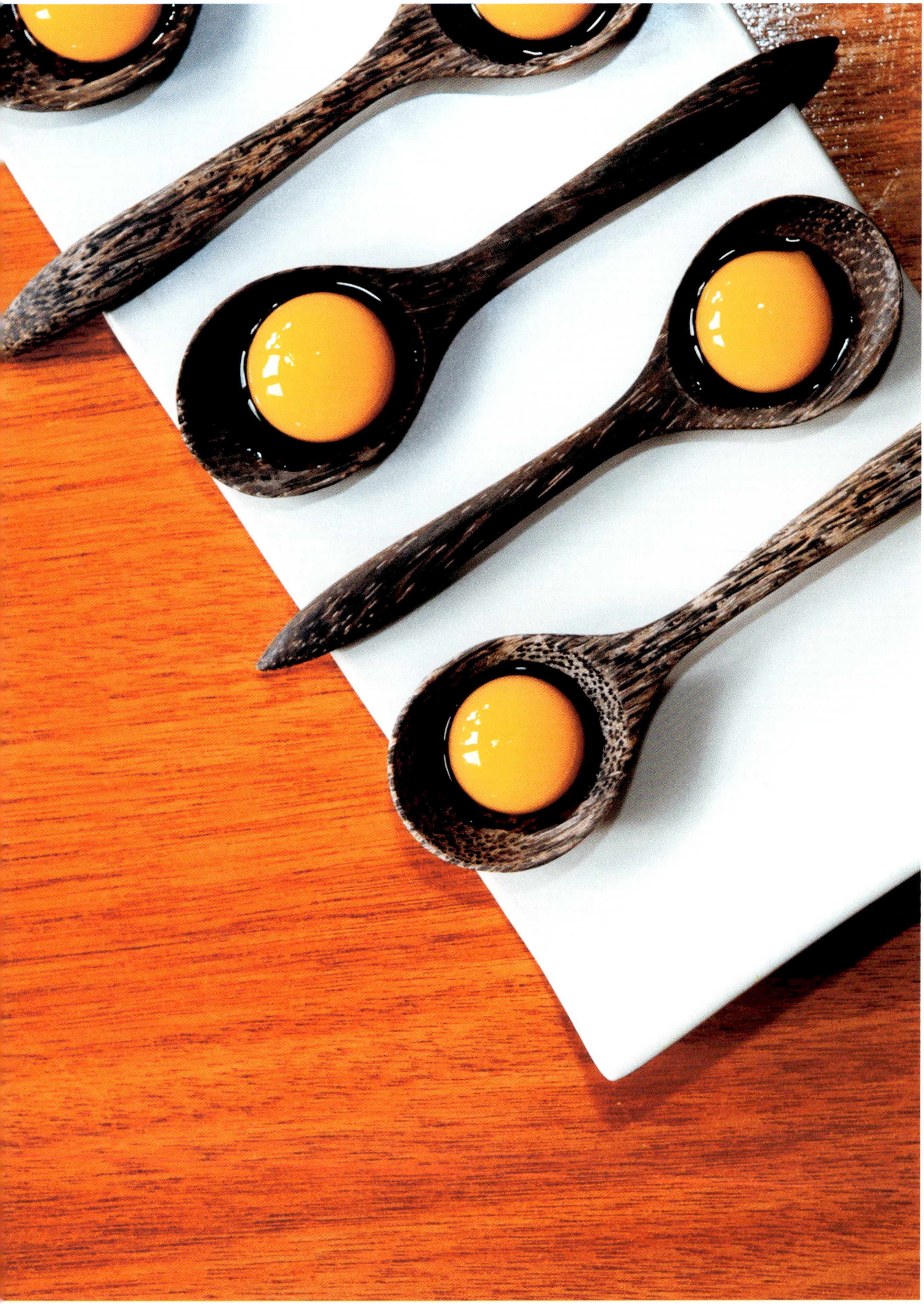

6 | CAIPIRITO ESFÉRICO
ESFERIFICAÇÃO INVERSA

Para esfera
- 100ml de vodka
- 120ml de soda
- 30ml de limão
- 2,5g de gluconolactato
- 1g de xantana
- 20g açúcar

Para banho
- 500ml de água
- 5g de alginato

1. Com um mixer ou liquidificador misture a água com o alginato até dissolver e deixe na geladeira por 4 horas para hidratar.
2. Em um copo de para coqueteis, misture a vodka, a soda, suco de limãos, o açúcar e o gluconolactato.
3. Junte a xantana e misture com um mixer. Deixe em repouso por 5h para sair o ar formado pelo mixer.
4. Com uma colher medidora, pegue um pouco do caipirito e coloque delicadamente na solução de alginato para formar uma esfera.
5. Com uma colher de esferificação, recubra cuidadosamente a parte de cima da esfera, caso ela não tenha submergido por completo.
6. Repita o processo, deixando as esferas longe umas das outras para não grudarem. Deixe no banho por 1 minuto.
7. Retire do banho e passe em um bowl com água limpa, apenas para retirar o líquido do banho que é viscoso, porém sem sabor.
8. Sirva com raspas de limão por cima.

SÓ PRA VOCÊ

Esse processo também pode ser feito colocando o preparo já com o gluconolactato em formas de semi-esferas e levando para congelar, juntando uma folha de hortelã. Após congelado, retirar da forma e colocar no banho, sempre tomando cuidado para que a esfera esteja submersa ao líquido, assim formará uma esfera por completo.

7 PAMONHA MULTI-ESFÉRICA
ESFERIFICAÇÃO INVERSA

Para esfera
- 500g de milho verde (somente os grãos)
- 500ml de leite
- 200ml de água
- 250g de açúcar
- 8g de gluconolactato

Para banho
- 500ml de água
- 5g de alginato

1. Com um mixer, misture 500ml de água e o alginato e leve para geladeira por 4 horas.
2. Em uma panela, junte o milho, o leite, o açúcar e 200ml de água e deixe cozinhar por 50 minutos, baixando o fogo após a fervura.
3. Com um mixer, triture a mistura e passe por uma peneira fina, extraindo todo líquido do milho – cerca de 800ml. Caso não dê essa quantidade, completar com leite ou água.
4. Junte o gluconolactato e misture para dissolver por completo.
5. Com uma colher medidora pequena, pegue um pouco do creme de milho e coloque delicadamente na solução de alginato para formar uma esfera.
6. Com uma colher de esferificação, recubra cuidadosamente a parte de cima da esfera, caso ela não tenha submergido por completo.
7. Repita o processo, deixando as esferas longe umas das outras para não grudarem. Deixe no banho por 1 minuto.
8. Retire do banho, retire o excesso de banho da colher e coloque as esferas em um aro retangular pequeno, uma ao lado da outra primeiro e depois uma sobre a outra. Deixe por 10 minutos para grudarem.
9. Retire cuidadosamente do molde e disponha sobre a palha do milho. Sirva.

SÓ PRA VOCÊ

Usamos este processo na receita da esfera de iogurte, onde grudamos esferas de iogurte e morango.

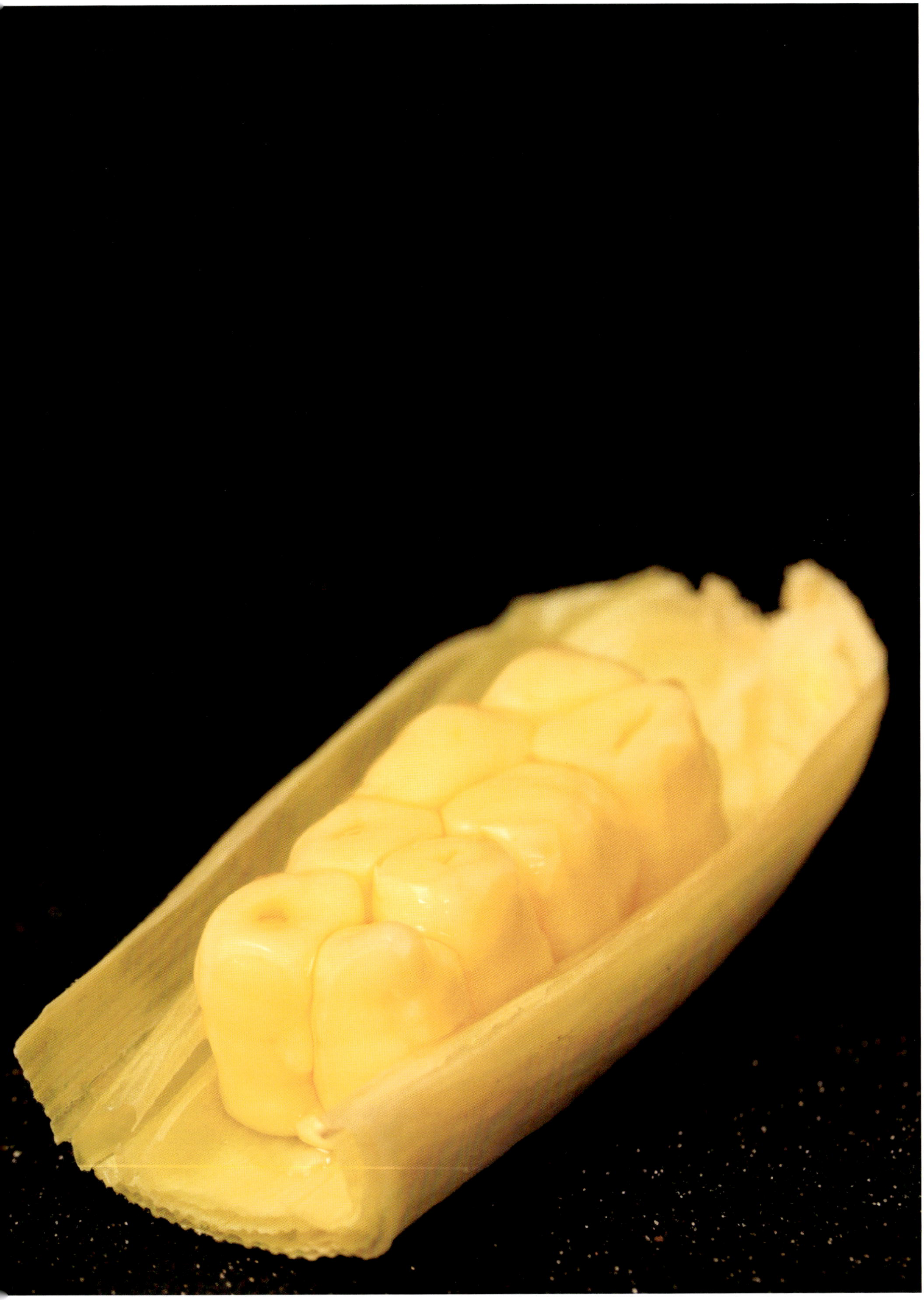

8 SAQUERINHA DE FRAMBOESA

GELIFICAÇÃO - AGAR

- *300ml de saquê*
- *100ml de água*
- *100ml de framboesa fresca*
- *40g de açúcar*
- *8g de agar*

1. Junte a água, a framboesa e o açúcar e triture.
2. Misture o agar e leve ao fogo até ferver.
3. Retire do fogo e junte o saquê.
4. Coloque em forminhas e espere gelificar.

SÓ PRA VOCÊ

Pode ser colocado em uma assadeira e depois cortar em pedacinhos. Pode gelificar em temperatura ambiente ou na geladeira.

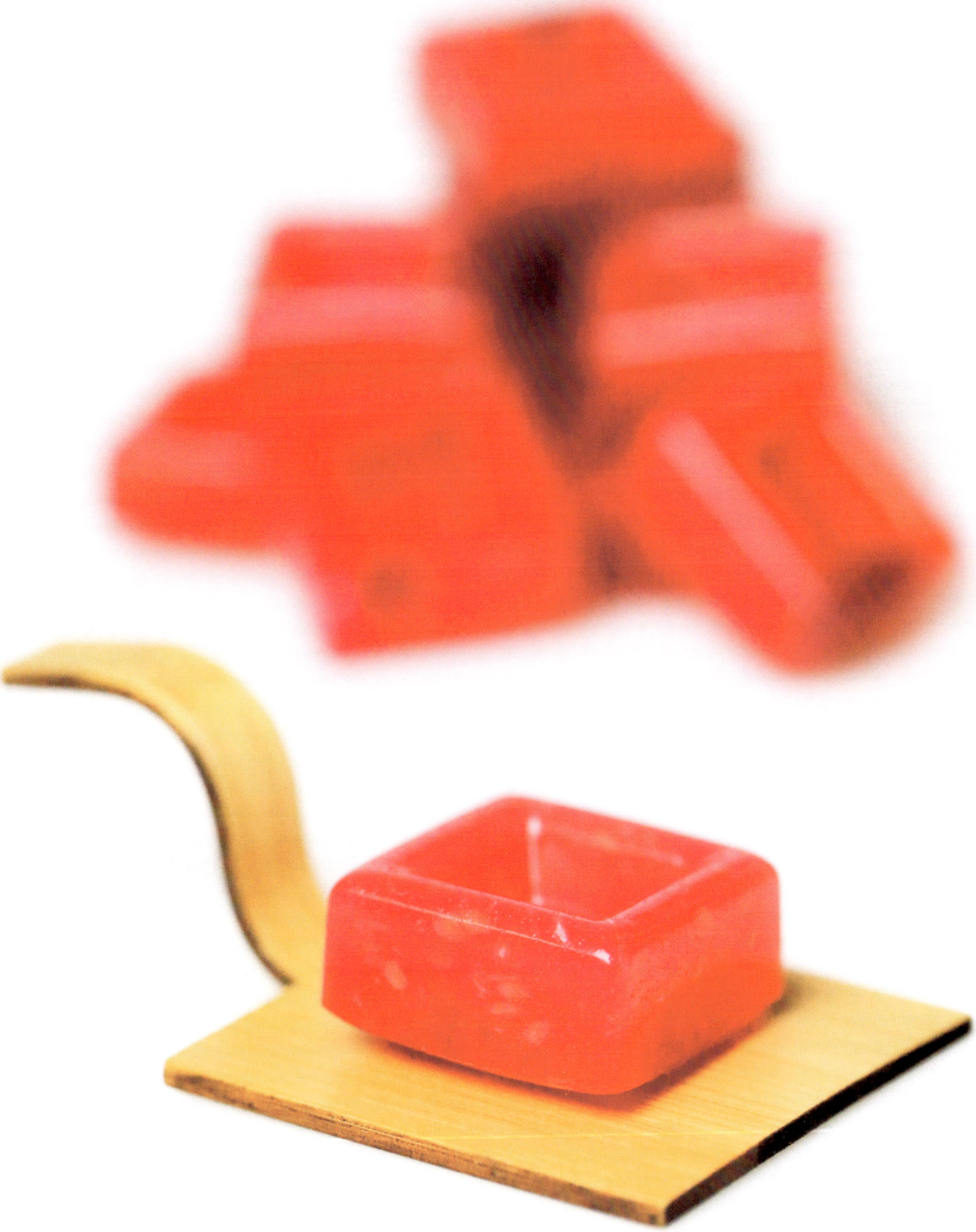

9 ESPAGUETE DE CENOURA

GELIFICAÇÃO - AGAR

- *300ml de suco de cenoura*
- *Sal*
- *6g de agar*

1. Junte metade do suco da cenoura com o agar, tempere com sal e leve ao fogo.
2. Deixar em fogo até levantar fervura.
3. Retire do fogo e junte com a outra metade do suco.
4. Com um kit espaguete, coloque o suco em uma das seringas e encha as mangueiras e coloque em um bowl com água e gelo.
5. Após a última mangueirinha, retire com ajuda da outra seringa, cheia de ar apenas, o espaguete que estará pronto. Repita o passo 4 até acabar o suco.
6. Deixe o espaguete já preparado em um caldo de legumes a 50°C até a hora de servir.
7. Disponha o molho de sua preferência no prato, escorra o espaguete e o coloque sobre o molho.
8. Finalize da maneira desejada.

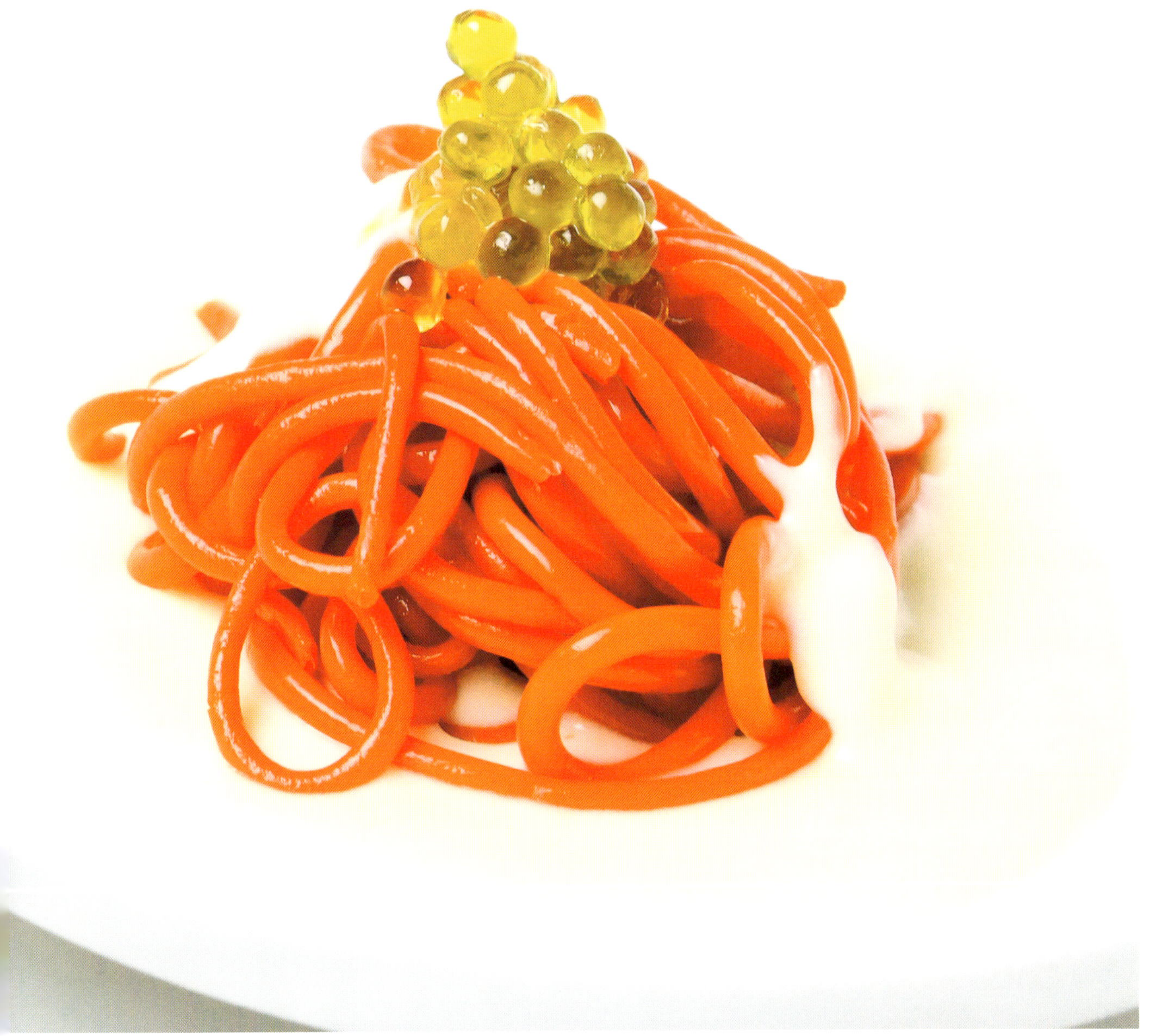

10 ESPAGUETE DE FRUTAS
GELIFICAÇÃO - AGAR

- *250ml de suco de uva*
- *250ml de água de coco*
- *250ml de suco de morango*
- *250ml de suco de maracujá*
- *20g de agar*
- *Framboesa liofilizada (Lio Sabores)*
- *Manga liofilizada (Lio Sabores)*
- *Pétalas de ouro*

1. Misture 5g de agar com 250ml de suco de uva a frio.
2. Leve ao fogo até levantar fervura.
3. Com um kit espaguete, coloque o suco em uma das seringas e encha as mangueiras e coloque em um bowl com água e gelo.
4. Após a última mangueirinha, retire com ajuda da outra seringa, cheia de ar apenas, o espaguete que estará pronto. Repita o passo 3 até acabar o suco.
5. Repita os passos com cada um dos sucos até ter todo espaguete para montagem.
6. Com ajuda de um aro, intercale a colocação do espaguete até completar o aro e o tire.
7. Finalize com as frutas lio e pétalas de ouro.

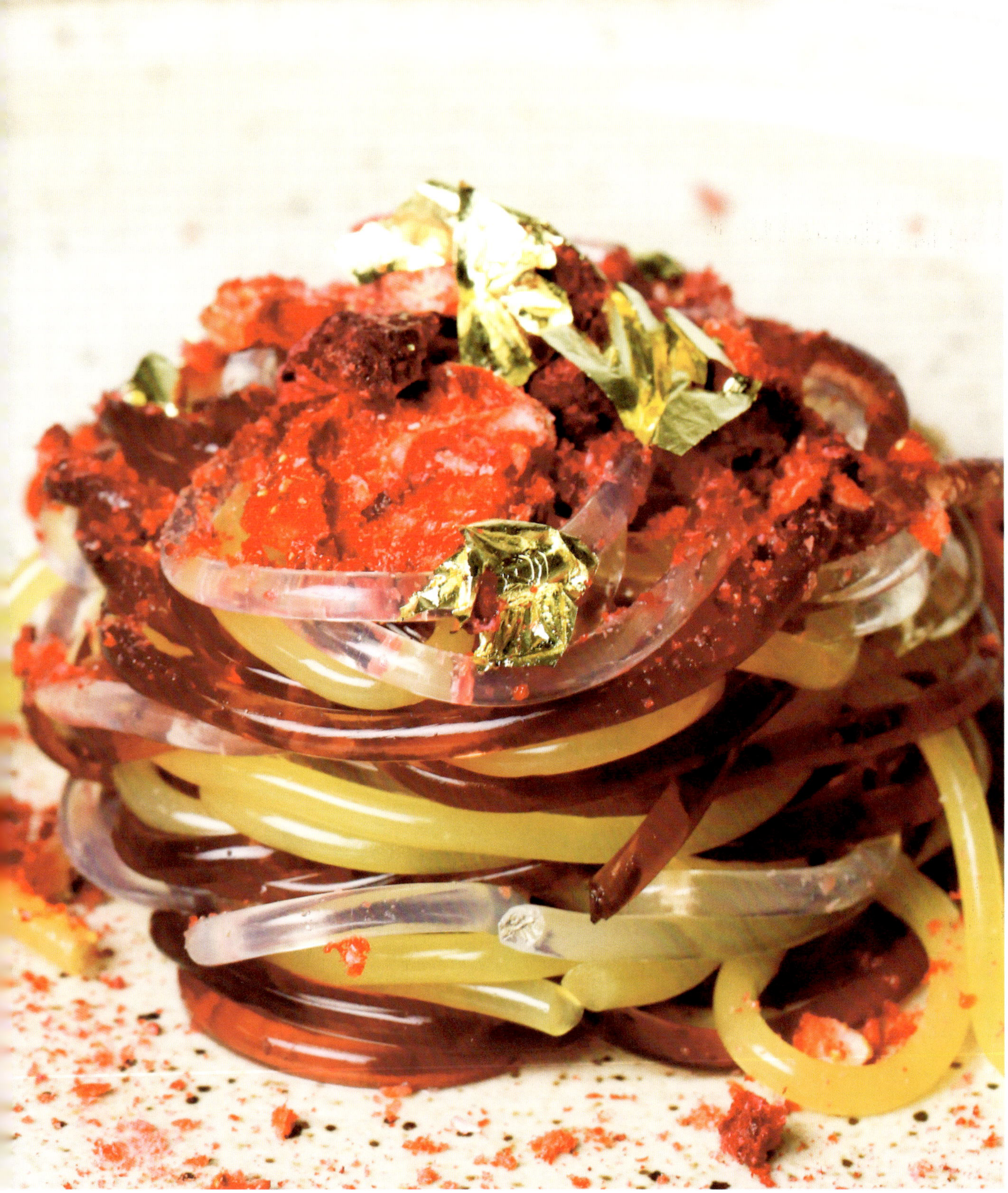

11 | PIRULITO DE QUEIJO DE CABRA
GELIFICAÇÃO - AGAR

- *100g de queijo de cabra*
- *100ml de framboesa triturada*
- *100ml de água*
- *20g de açúcar*
- *4g de agar*

1. Forme rolinhos com o queijo de cabra e leve a geladeira pra endurecer.
2. Em uma panela, junte a framboesa, a água e o agar. Misture e leve ao fogo até ferver. Retire do fogo.
3. Coloque palitos no rolinhos de queijo de cabra e passe na calda de framboesa. Vá girando o palito assim que tirar do banho, para esfriar.
4. Deixe endurecer e sirva.

SÓ PRA VOCÊ

Caso queira a cobertura bem lisinha, triturar e peneirar a framboesa. A calda também pode ser levemente temperada.

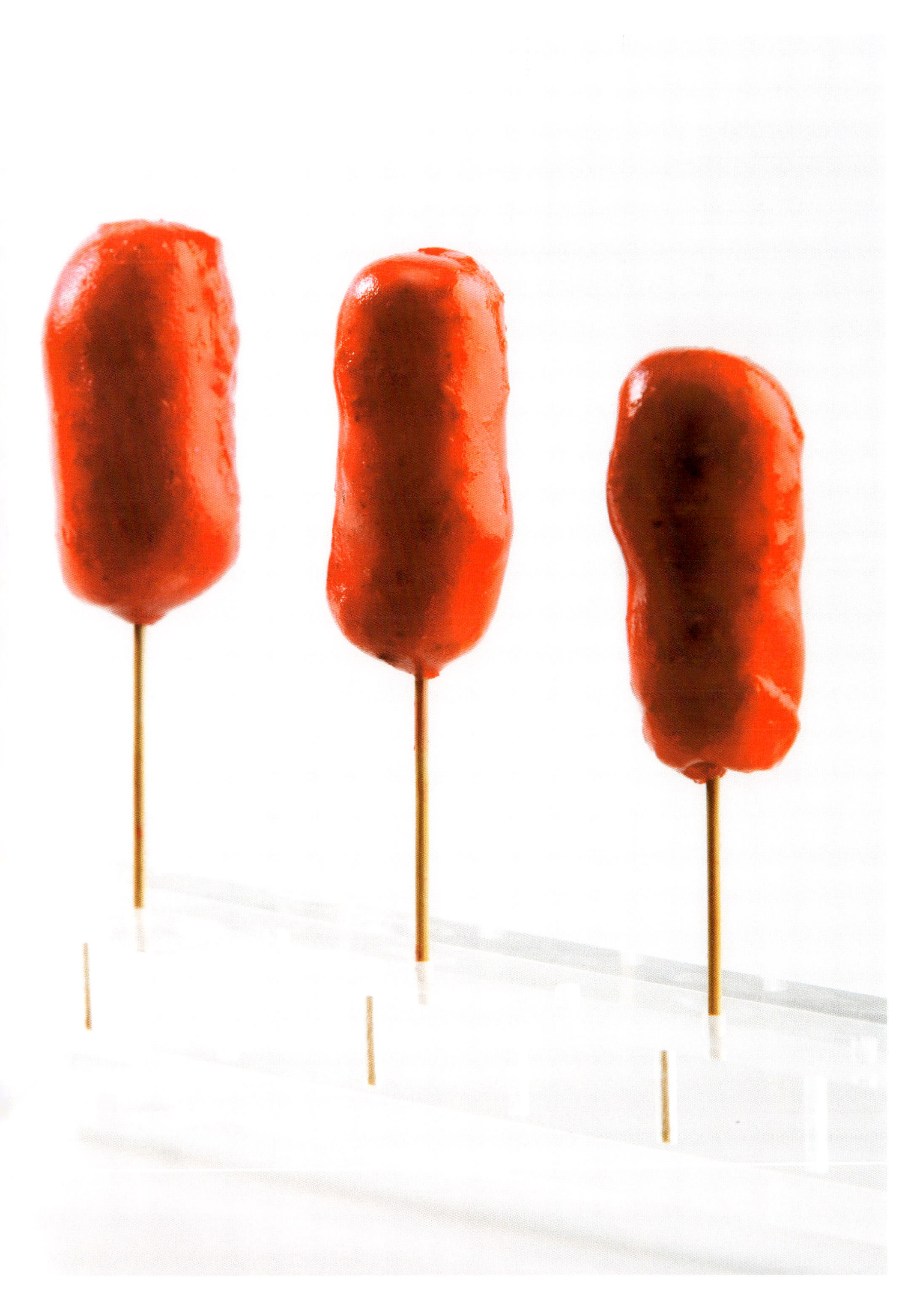

12 | FOLHAS CROCANTES
GELIFICAÇÃO - AGAR

- *300ml de suco de cenoura*
- *3g de agar*
- *Sal*

1. Retire o suco da cenoura com uma centrífuga e peneire.
2. Tempere com sal.
3. Leve ao fogo metade do suco, junto com o total de agar e mexa até ferver.
4. Retire do fogo e junte a outra metade do suco.
5. Coloque em uma forma com uma camada de 2mm e deixe gelificar por completo.
6. Corte no formato que deseja e coloque em um tapete para levar à desidratadora.
7. Leve à desidratadora ou ao forno a 50°C por 12 horas.

SÓ PRA VOCÊ

Esse mesmo processo pode ser feito com suco de outros vegetais, é só repetir o processo.

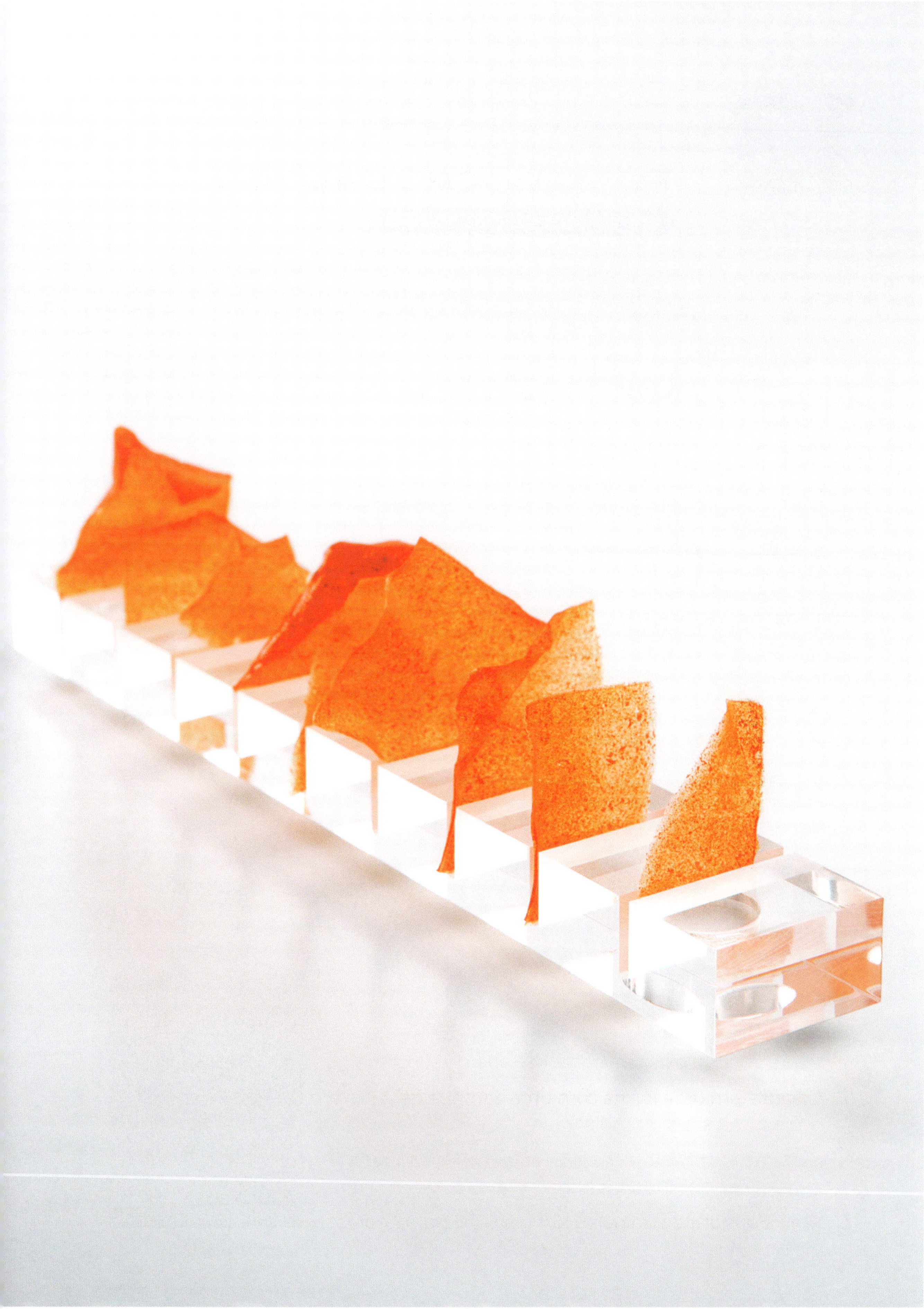

13 | TORTA DE LIMÃO TRANSPARENTE

GELIFICAÇÃO - GELATINA EM FOLHA

- *500g de massa*

Para torta doce

- *400ml de água*
- *100ml de suco de limão*
- *10 folhas de gelatina*
- *100ml de água*

Para hidratação da gelatina

- *3g de ácido cítrico*
- *40g de açúcar*

1. Faça a massa da torta de sua preferência, asse e esfrie.
2. Junte 400ml de água, o suco do limão, o açúcar e o ácido cítrico e leve ao fogo para que o açúcar derreta completamente.
3. Vá retirando a espuma que vai se formando.
4. Hidrate a gelatina com 100ml de água e reserve.
5. Retire a panela do fogo e deixe resfriar até 80°C e junte a gelatina já hidratada.
6. Coloque o líquido na massa de torta pronta e leve a geladeira por 20 horas.
7. Retire, finalize da maneira desejada e sirva.

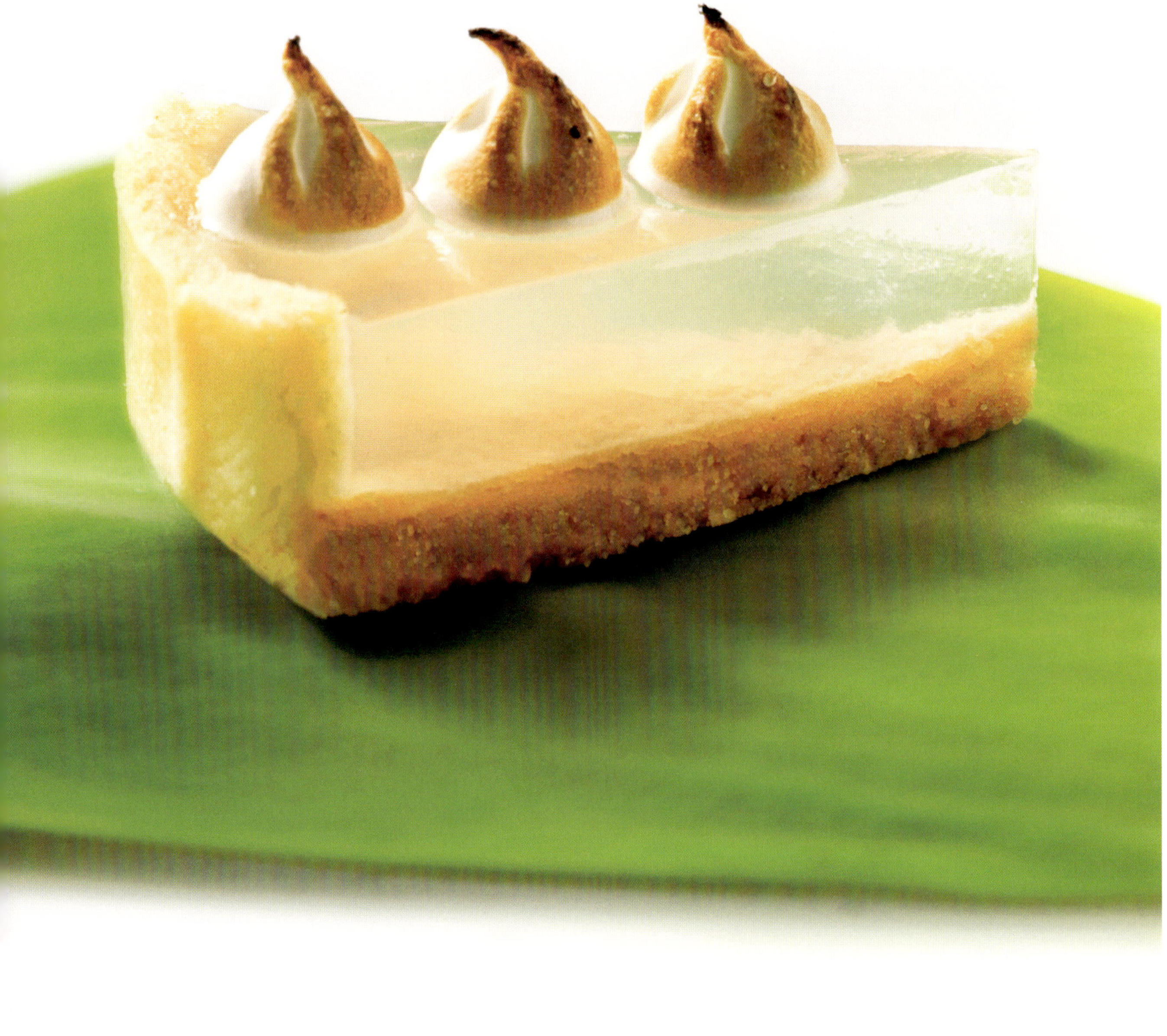

14 OVO POCHÊ DE COCO
GELIFICAÇÃO - METIL

- *400ml de leite de coco*
- *80g de açúcar*
- *12g de metil*
- *100g de polpa natural de manga*

1. Coloque uma panela com água para ferver.
2. Misture o leite de coco, o açúcar e o metil com o mixer e leve para geladeira por 12 horas.
3. Coloque um filme plástico em um bowl pequeno e coloque um pouco da mistura do leite de coco. Coloque a polpa de manga no centro do leite de coco. Cubra com mais uma parte de leite de coco.
4. Feche o pacotinho do filme plástico e dê um pequeno nó.
5. Desligue o fogo após a fervura e coloque o pacotinho. Deixe 2 minutos e aperte levemente para ver se endureceu.
6. Retire o pacotinho e sirva.

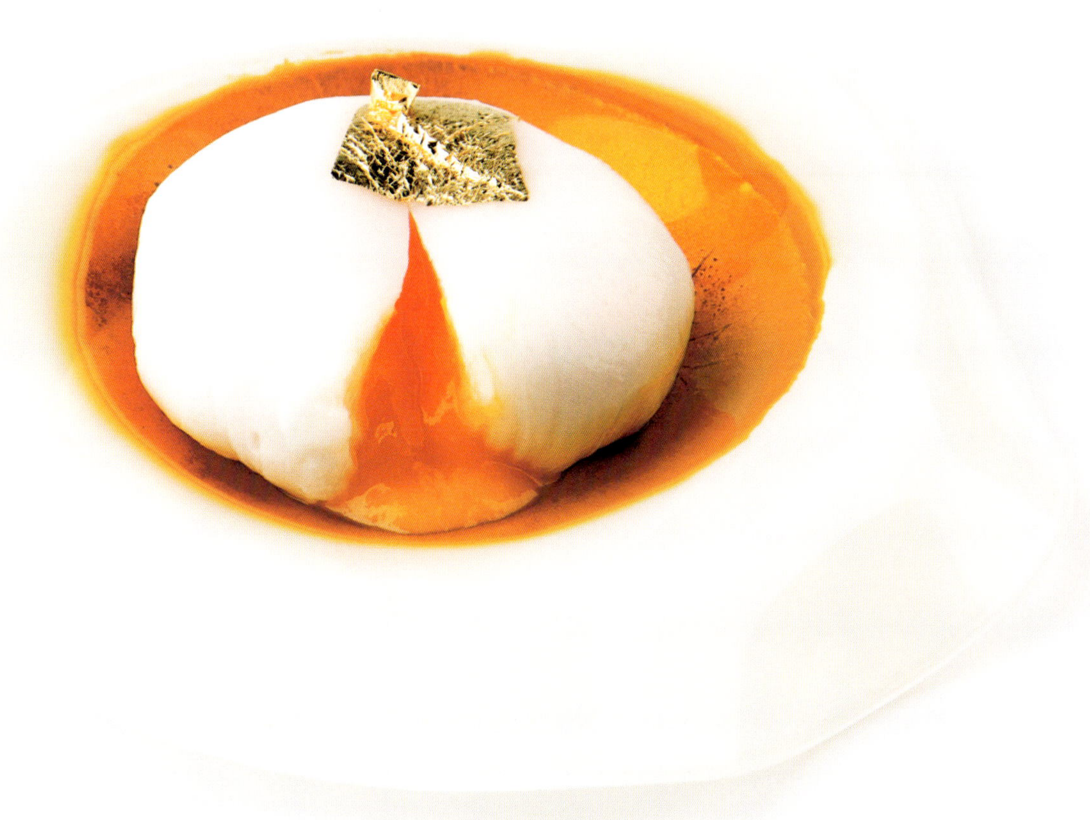

15 | FOLHA MARACUJÁ
GELIFICAÇÃO - METIL

- *200g de suco de maracujá*
- *8g de metil*

1. Misture o suco e o metil com o mixer e leve para geladeira para hidratar por 7 horas.
2. Coloque a mistura sobre um vidro previamente coberto por uma fina camada de óleo.
3. Com uma espátula, espalhe bem a mistura para ficar uma fina camada por toda superfície.
4. Deixe secar em temperatura ambiente por 15 horas.
5. Quanto estiver seco, retire as folhas, corte da maneira desejada e guarde em recipiente hermético para servir.

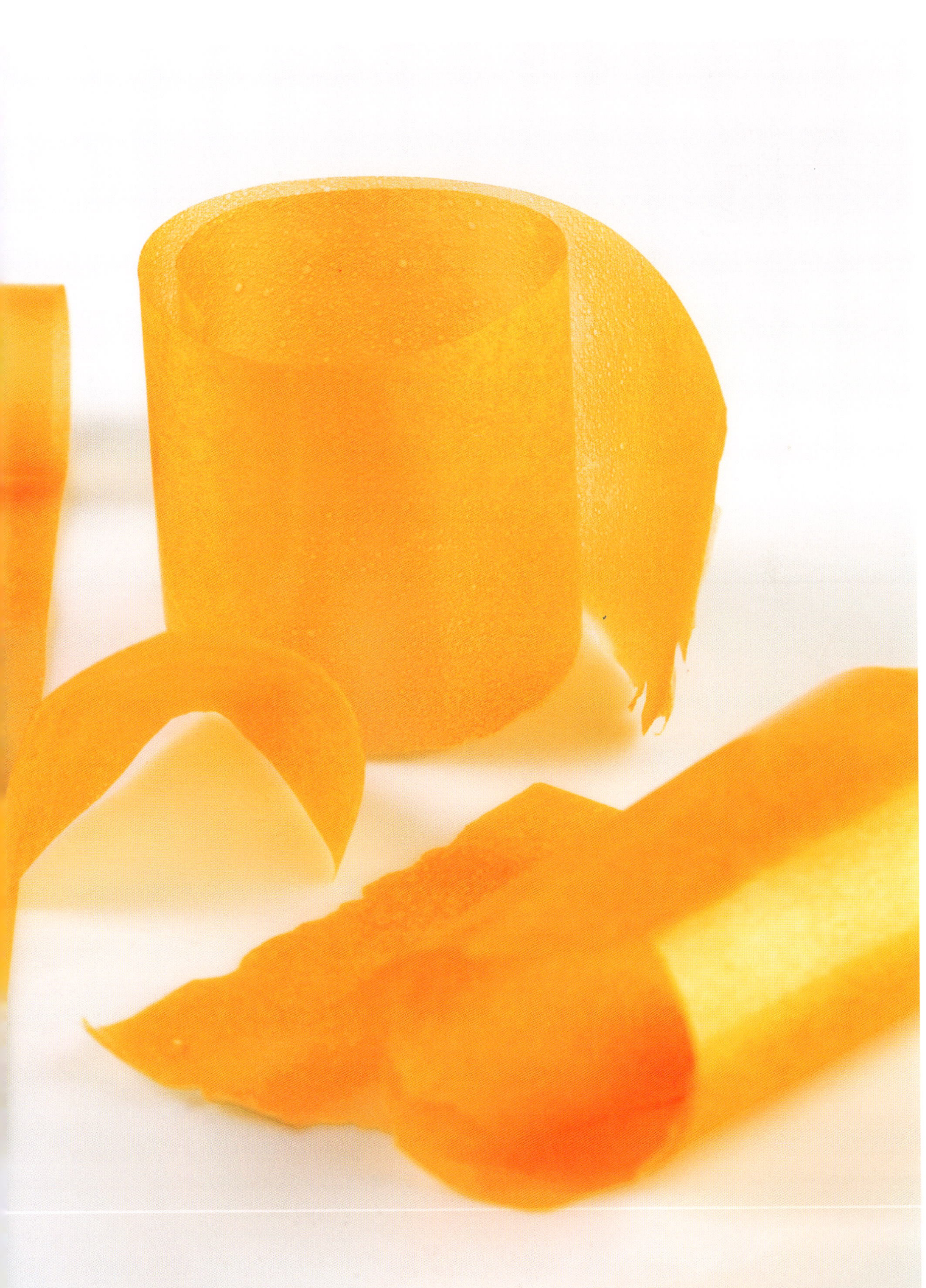

16 TELHA DE PITAIA
GELIFICAÇÃO - METIL

- *300ml de pitaia (triturada-suco)*
- *100g de açúcar*
- *7g de metil*
- *4g de xantana*

1. Misture a pitaia, o açúcar e o metil com um mixer.
2. Junte aos poucos a xantana e mixe até diluir e espumar.
3. Coloque uma fina camada em um tapete para desidratadora e desidratar a 65°C por 30 horas.
4. Quebre da maneira desejada e sirva.

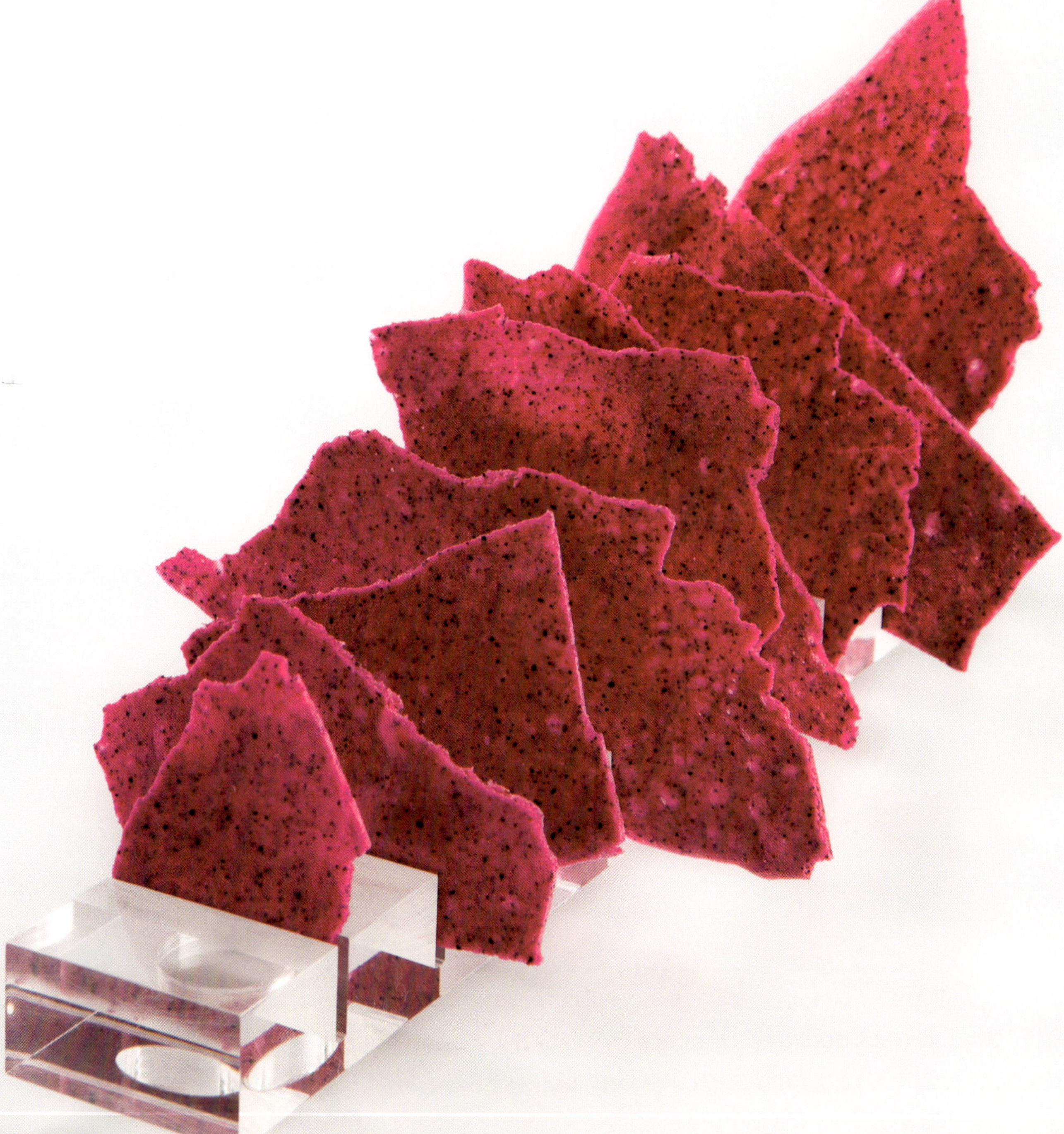

17 SUSPIRO SALGADO
GELIFICAÇÃO - METIL

Para base metil
- 100ml de água
- 3g de metil

Para suspiro salgado
- 300ml de água
- 2g de espirulina
- 1g de sal
- 20g de albumina em pó
- 1,5g de xantana
- 40g de base de metil

1. Misture a água e o metil com o mixer e leve para geladeira para hidratar por 7 horas.
2. Misture a água, a espirulina, a albumina, a xantana e o sal e misture com um mixer até dissolver os sólidos.
3. Colocar a mistura na batedeira e bater por 5 minutos.
4. Juntar aos poucos a base de metil e deixar bater por mais 5 minutos.
5. Colocar o merengue formado em um silpat na forma desejada e levar a desidratadora a 60°C por 10 horas.
6. Sirva como desejado.

SÓ PRA VOCÊ

Se desejar fazer "pães" como na foto, levar a forno a 180°C por 3 minutos para dar uma leve dourada. Para as marquinhas, aqueça um pedaço de ferro e marque a parte superior dos pães.

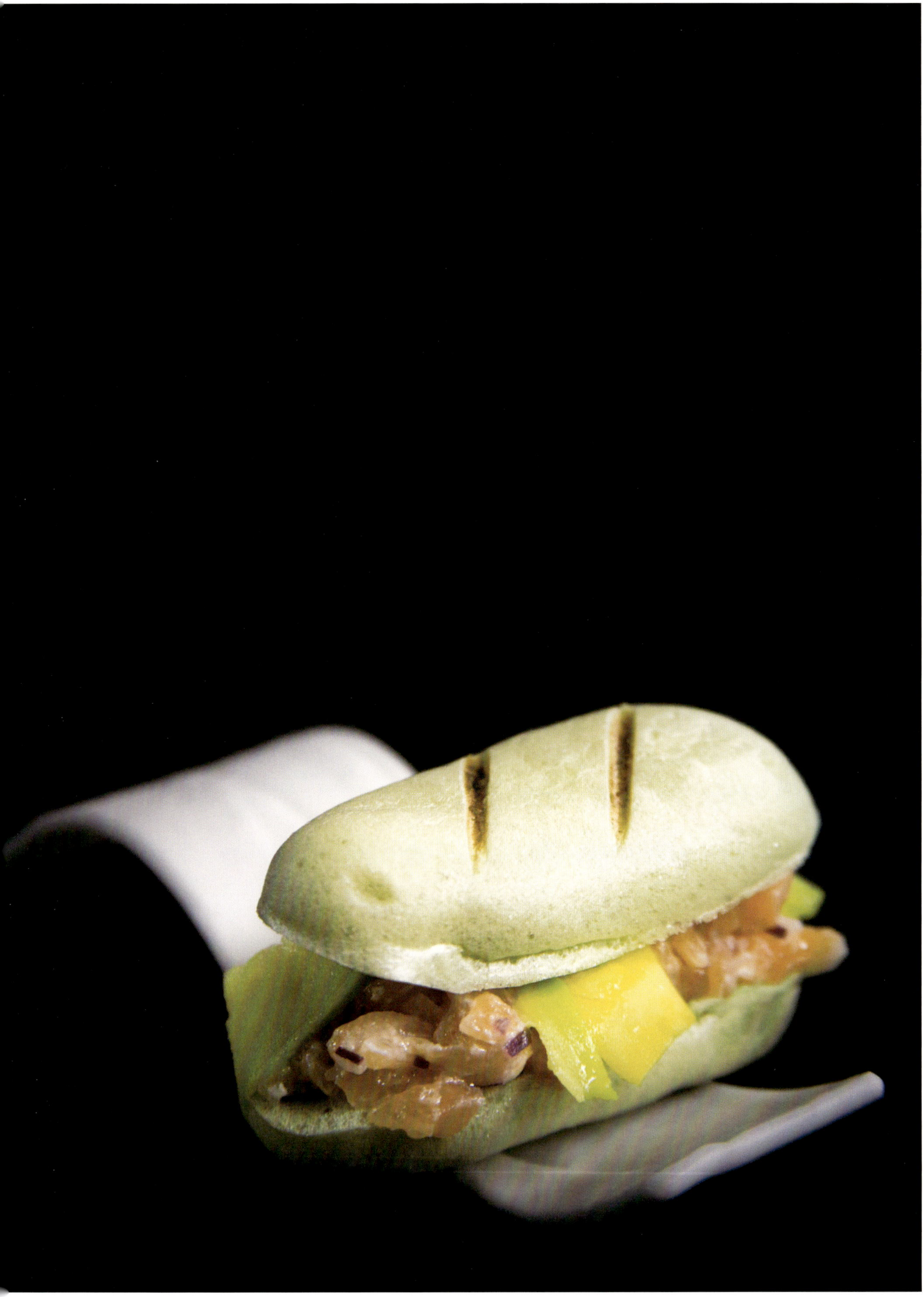

18 SUSPIRO DE FRAMBOESA

GELIFICAÇÃO - METIL

Para base metil

- 200ml de água
- 6g de metil

Para almibar

- 100ml de água
- 100g de açúcar

Para suspiro

- 90g de clara de ovo
- 75g de almibar
- 75g de base de metil
- 3,5g de albumina em pó
- 12g de framboesa liofilizada em pó

1. Base metil: misturar a água e o metil com um mixer e deixar na geladeira por 12 horas.
2. Almibar: misturar a água e o açúcar e levar ao fogo até o açúcar derreter por completo e formar uma calda. Deixe esfriar para usar.
3. Misturar a clara com a albumina em pó com um mixer e levar para batedeira para montar o merengue.
4. Depois de 4 minutos de batedeira, juntar o almibar em velocidade baixa e deixar por mais 2 minutos.
5. Juntar a base de metil lentamente e a framboesa liofilzada em pó. Bater por mais 2 minutos.
6. Colocar a mistura em um saco de confeitar com o bico desejado e formar os suspiros sobre um silpat.
7. Levar a desidratadora a 65°C por 12 horas.
8. Guardar em pote hermético.

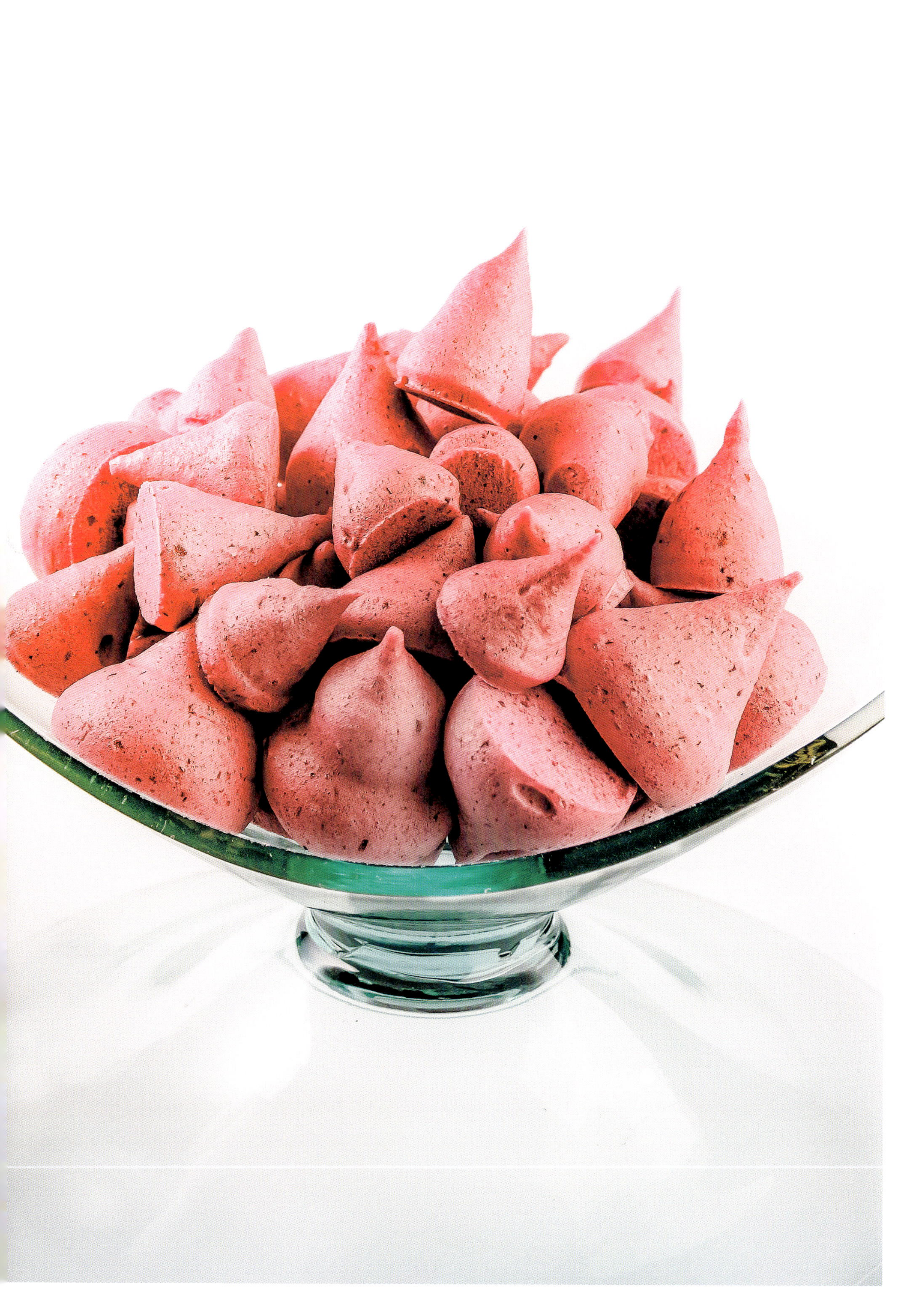

19 | GELATINA DE AZEITE
GELIFICAÇÃO - GELLAN

- *150ml de azeite de oliva*
- *350ml de água*
- *6g de glice*
- *6g de goma gelano*
- *Sal*

1. Misture o glice e o azeite e leve para o fogo até 60°C
2. Em uma panela separada, misture a água e goma gelano e mexa até 90°C. Quando a goma gelano começa a hidratar e formar uma pasta, acerte o sal.
3. Misture a preparação do azeite com o glice aos poucos na mistura da gelano, até chegar a temperatura de 90°C.
4. Retire do fogo e coloque na forma de sua preferência, levando a geladeira, coberta por filme plástico por 4 horas.
5. Sirva da maneira desejada.

SÓ PRA VOCÊ

Pode ser feita com outras gorduras, apenas trocar o azeite de oliva pela gordura desejada, como bacon, pato, etc.

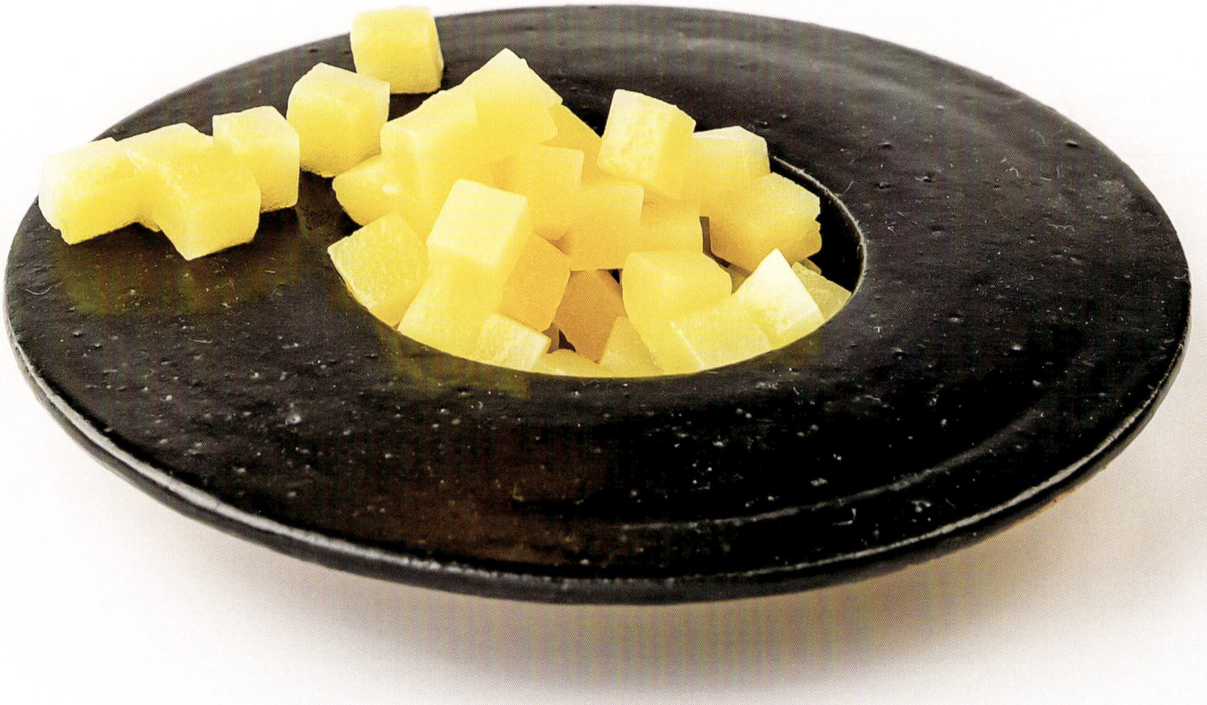

20 | BOMBOM DE FOIE GRAS
GELIFICAÇÃO - GELLAN

- *200g patê de foie gras*
- *100g de framboesa congelada*
- *100ml de água*
- *50ml de vinho do Porto*
- *50g de açúcar*
- *5g de goma gelano*

1. Faça pequenas esferas de foie gras e congele.
2. Ferva as framboesas com a agua, o açúcar e o vinho e passe por um processador e peneire.
3. Adicione a goma gelano e misture com um mixer, leve ao fogo para ferver.
4. Deixe um banho-maria a 90°C para ser utilizado sempre que preciso, para manter líquida a solução de framboesa para cobrir as esferas.
5. Retire as esferas do congelador e espete um palito.
6. Mergulhe a bola 3 vezes no líquido de framboesa. Entre cada mergulho espere um pouco para gelificar.
7. Retire o palito, coloque em uma superfície forrada e leve a geladeira para o foie gras voltar a ficar firme.

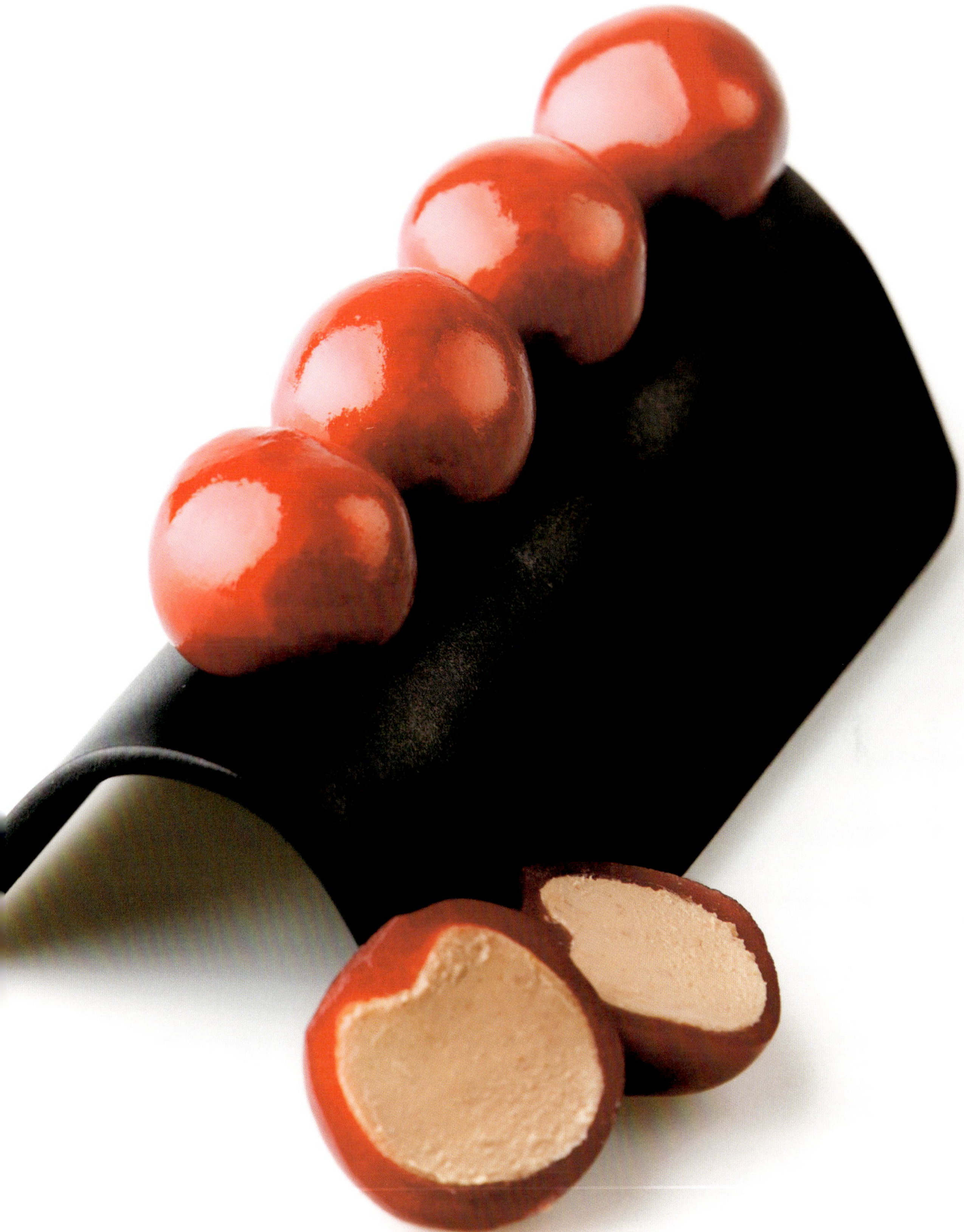

21 TALHARIM DE CAMARÃO

GELIFICAÇÃO - GELLAN

- *250ml de consommé de camarão*
- *5g de goma gelano*
- *6 camarões grandes*
- *100g de manteiga*
- *Sal*
- *Azeite*
- *Sálvia*

1. Aqueça o *consommé* de camarão e junte a goma gelano ao poucos, mexendo sempre para não formar grãos.
2. Deixe ferver e retire do fogo.
3. Coloque o *consommé* em uma GN, formando uma fina camada e deixe endurecer. Isso acontecerá em poucos minutos.
4. Com uma faca, corte a gelatina já dura no formato desejado. Reserve.
5. Doure os camarões devidamente limpos no azeite, com um pouco de sal.
6. Derreta a manteiga, junte a sálvia picada.
7. Disponha o talharim no prato, regue com a manteiga de sálvia e um camarão.

SÓ PRA VOCÊ

Caso não for usar imediatamente o talharim, pode ser guardado em geladeira por 24 horas.

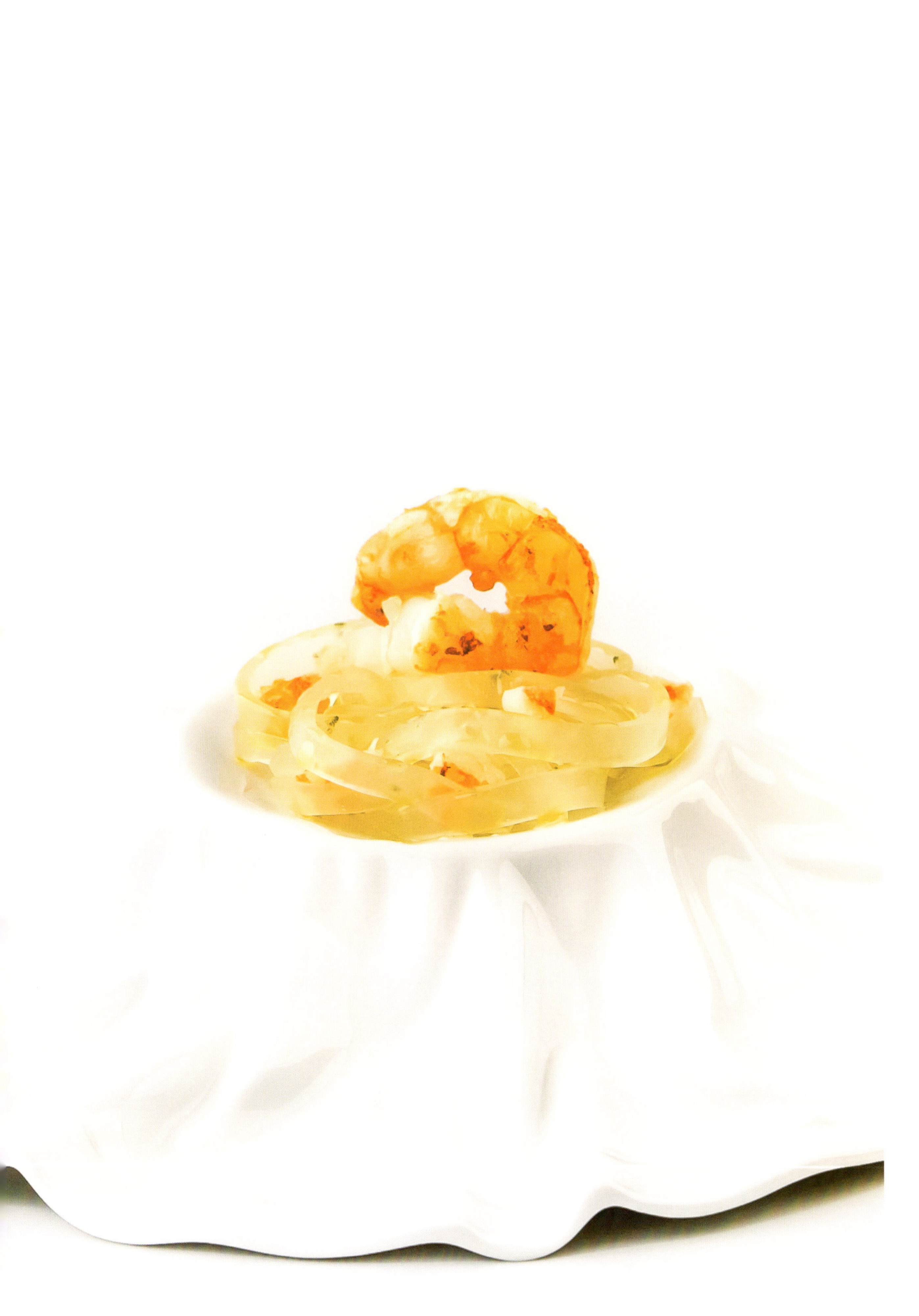

22 | AR DE MOLHO DE SOJA
ARES

- *500ml molho de soja*
- *3,5g de lecitina de soja (pó)*

1. Com um mixer ou misture o molho de soja e a lecitina até dissolver bem. Deixe descansar por 10 minutos para completa hidratação.
2. Continue com o mixer, agora parado em algum canto até ir formando o ar na superfície do líquido.
3. Retire com ajuda de uma colher e sirva como desejar.

SÓ PRA VOCÊ

Uma maneira fácil e muito mais rápida, e que dá um resultado maravilhoso é utilizar um motor de aquário, uma mangueirinha e uma pedra porosa. Após misturar a lecitina com o molho de soja, colocar o líquido em um recipiente alto e colocar a pedra porosa, já conectada a mangueirinha e esta ao motor e ligar. Parecerá uma mágica!

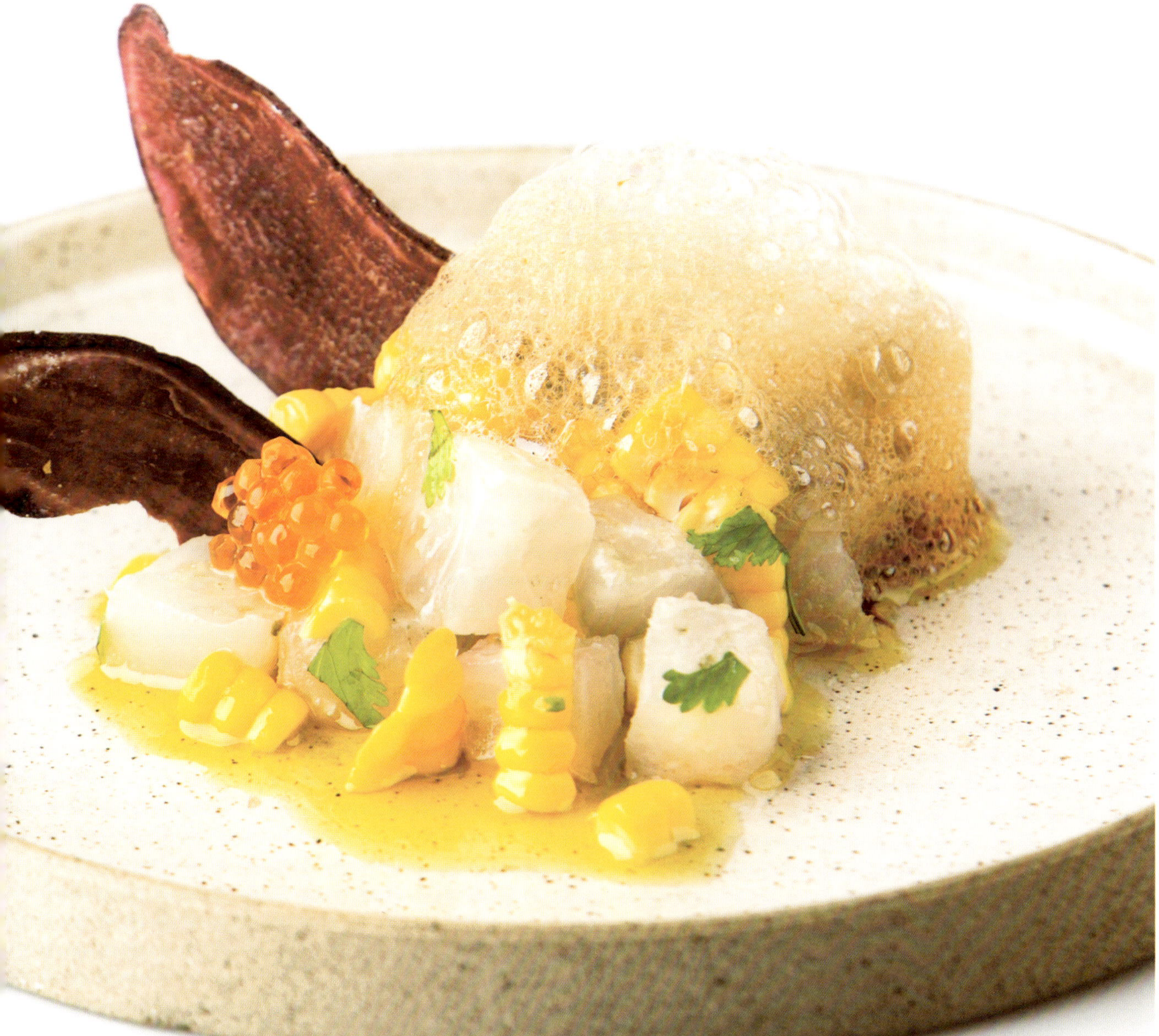

23 | AR DE PARMESÃO
ARES

- *500ml de água*
- *500g de parmesão*
- *3,5g de lecitina de soja (pó)*

1. Coloque a água e o parmesão em uma panela e leve ao fogo por 10 minutos. Deixar em fogo baixo após fervura.
2. Peneire e você terá a água de parmesão.
3. Com um mixer, misture bem a lecitina com a água de parmesão.
4. Continue com o mixer, agora parado em algum canto até ir formando o ar na superfície do líquido.
5. Retire com ajuda de uma colher e coloque no prato como desejado.

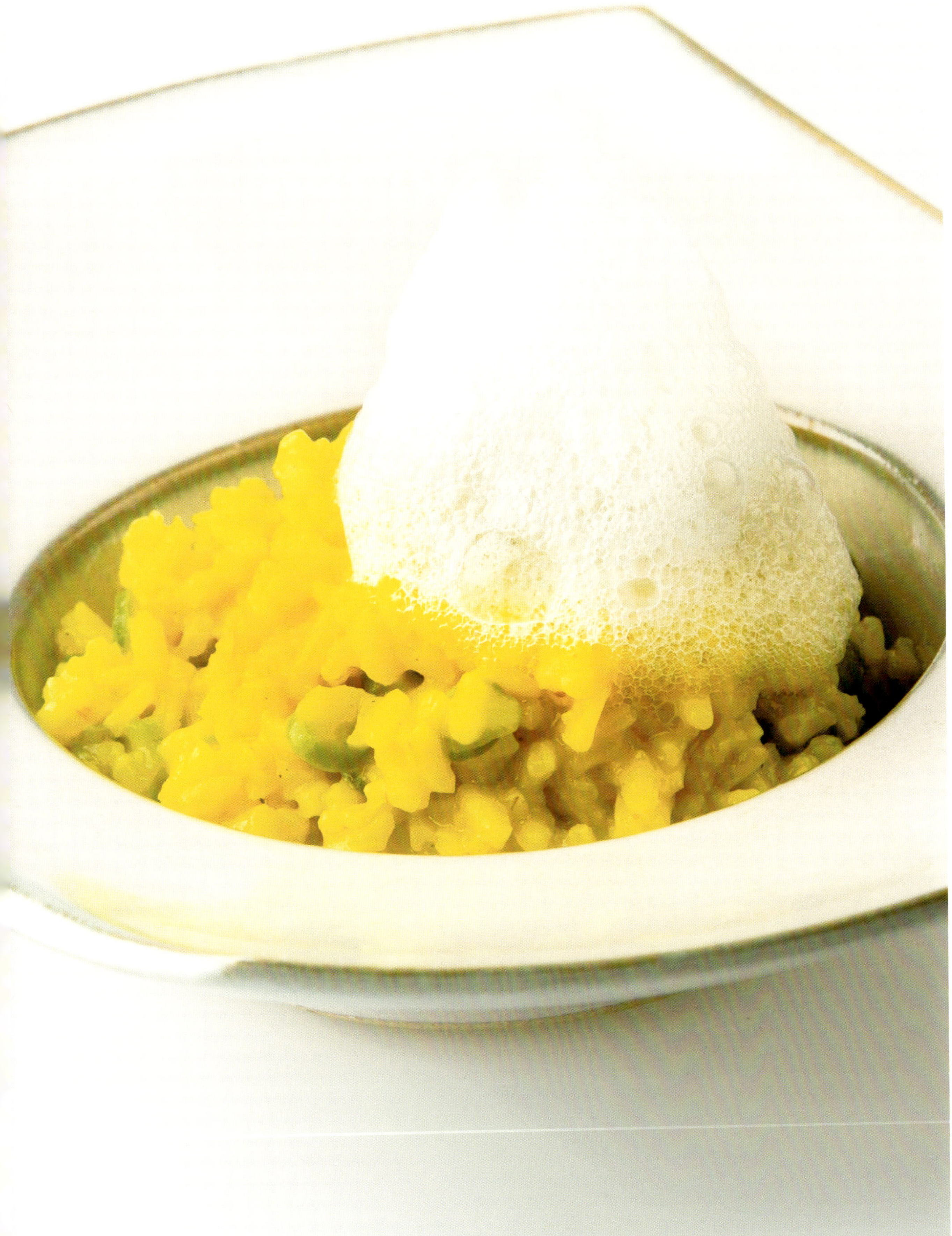

24

ESPUMA DE COCO COM GENGIBRE

ESPUMAS

- *500ml de leite de coco*
- *10g de gengibre liofilizado*
- *2 folhas de gelatina*
- *Sal*

1. Hidrate a folha de gelatina em 100ml de leite de coco.
2. Coloque o restante do leite de coco e o suco de gengibre em uma panela e deixe ferver.
3. Acerte o sal.
4. Coloque o líquido em um sifão de 0,5l e acrescente 1 cápsula de gás. Agite bem e leve a geladeira por no mínimo 3 horas.
5. Sirva como desejado.

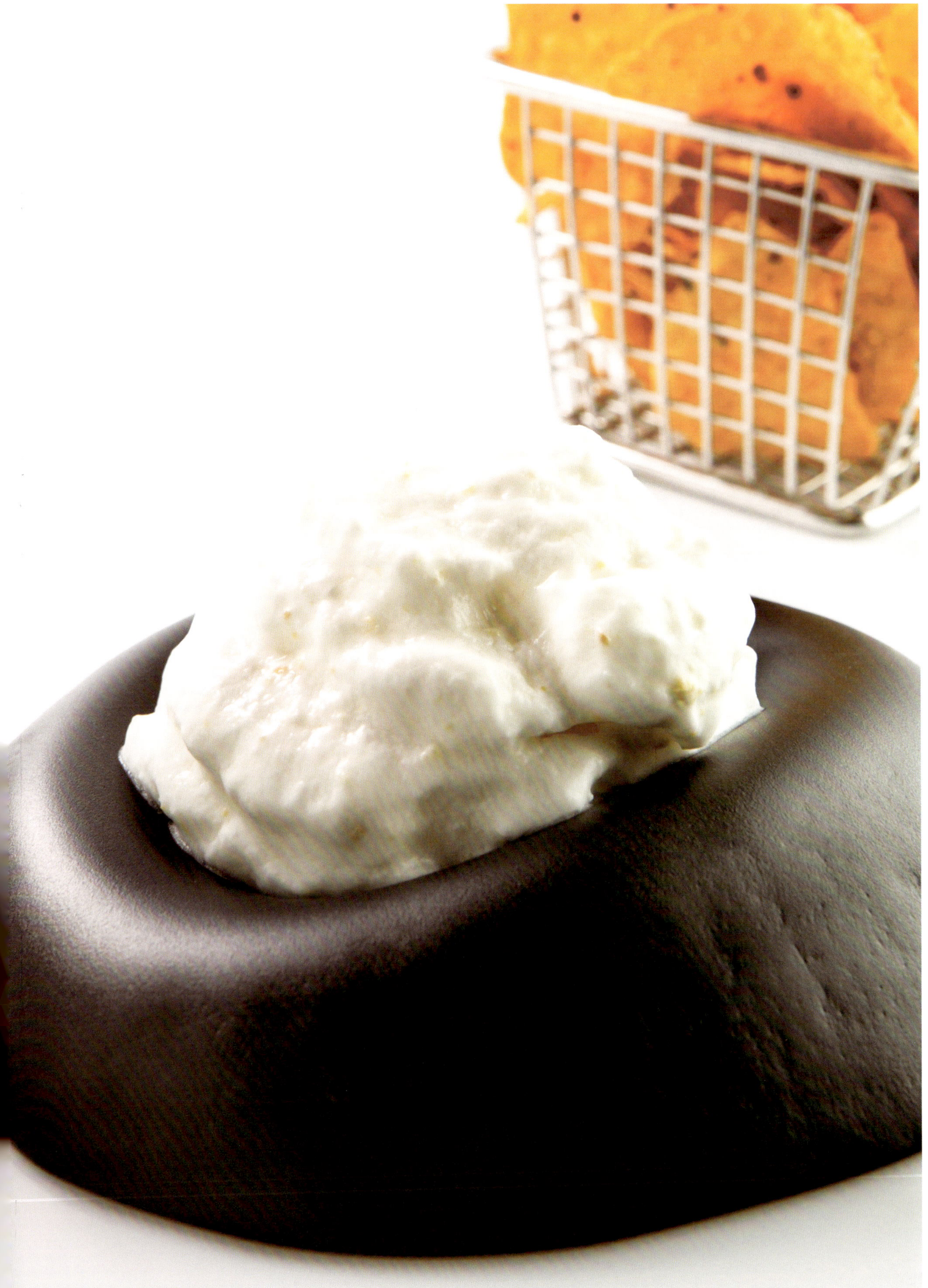

25 | CAPPUCCINO DE COGUMELOS
ESPUMAS

- *400ml de creme de leite fresco*
- *400g de cogumelos*
- *20g de cebola picada*
- *1 dente de alho picado*
- *Azeite*
- *Sal*
- *Pimenta do reino*

1. Refogue a cebola e o alho picados com um pouco de azeite.
2. Junte os cogumelos e refogue, acertando o sal e a pimenta do reino.
3. Separe metade do refogado para a hora de servir.
4. Em uma panela, junte a outra metade dos cogumelos e o creme de leite, deixe por 3 minutos no fogo.
5. Com um mixer, triture os cogumelos com creme de leite fresco e peneire.
6. Ajuste o sal e coloque em um sifão de 0,5l e acrescente 1 capsula de gás.
7. Deixe em banho-maria a 80°C até a hora de servir.
8. Em um recipiente, disponha um pouco dos cogumelos refogados e cubra com a espuma de cogumelos.
9. Finalize com cogumelo em pó.

SÓ PRA VOCÊ

O sifão pode ser guardado na geladeira e colocado em banho-maria quando for servir.

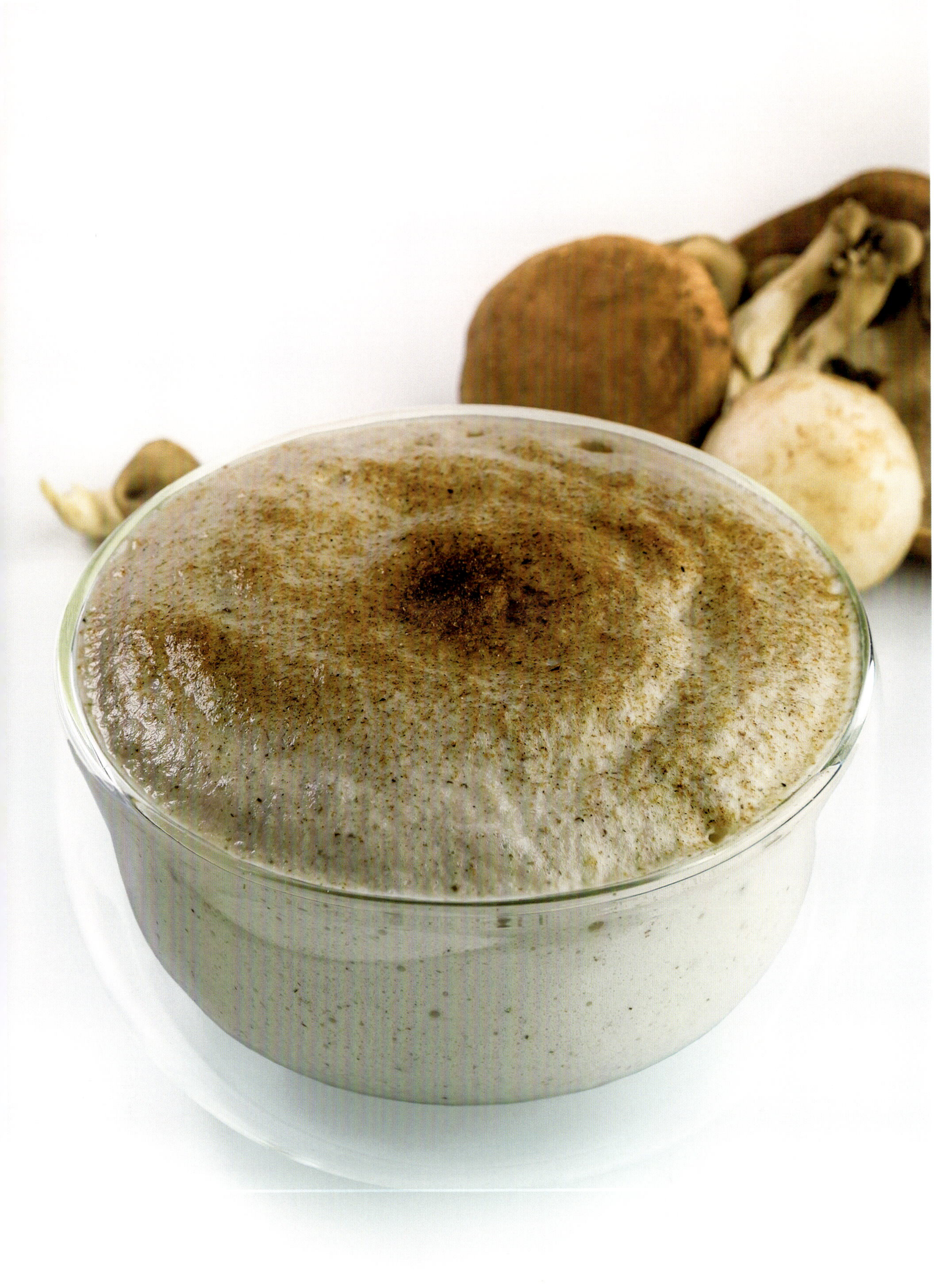

26 | ESPONJA DE CHOCOLATE
ESPUMAS

- *300g de clara de ovo*
- *60g de açúcar refinado*
- *20g de farinha de trigo*
- *60g de farinha de amêndoas (peneirada)*
- *40g de cacau em pó*

1. Coloque todos os ingredientes no liquidificador e triture bem, até ficar uma massa lisa. Peneire.
2. Coloque a mistura no sifão e adicione 2 cargas de gás, sacudindo bem a garrafa. Leve a geladeira por 1 hora.
3. Colocar em copos plásticos até ¾ da capacidade e leve ao micro-ondas por 40 segundos.
4. Deixe alguns minutos para esfriar e, com uma espátula, retire o bolinho do copo.
5. Sirva como desejado.

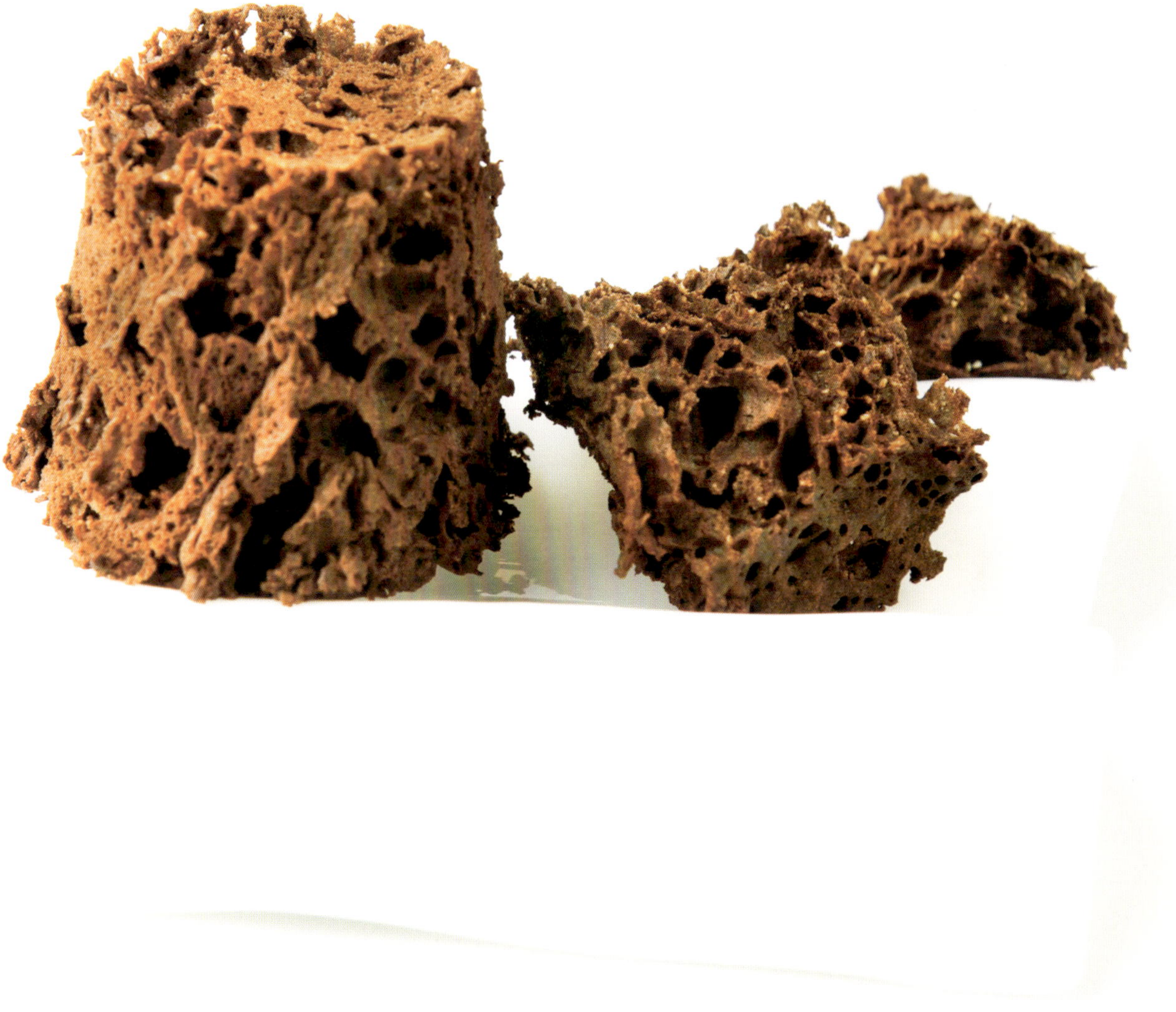

27

ALFAJOR GELADO
ESPUMAS

- *500g de purê de manga*
- *150g de suco de maracujá concentrado*
- *200ml de água*
- *200g de açúcar*
- *20g de gelatina em folhas*
- *5g de goma xantana*
- *Nitrogênio líquido*

1. Misture o açúcar e a xantana e reserve.
2. Hidrate a gelatina, cortada em pedaços menores, com um pouco de água.
3. Em uma panela, misture o purê de manga, o suco de maracujá e o restante da água e leve até ferver (90°C).
4. Diminua a temperatura e junte aos poucos, sem parar de mexer, a mistura do açúcar e xantana e deixe ferver por mais 2 minutos.
5. Retire a panela do fogo e junte a gelatina em folha hidratada, mexendo para dissolver por completo.
6. Peneire e leve a geladeira por 2 horas.
7. Coloque a mistura em um sifão de 1 litro e adicione 2 cápsulas de gás.
8. Em uma placa previamente congelada pelo nitrogênio líquido, disponha as porções com o sifão, do tamanho de um alfajor. Espere congelar e sirva com seu recheio preferido.
9. Dever ser servido ou congelado imediatamente.

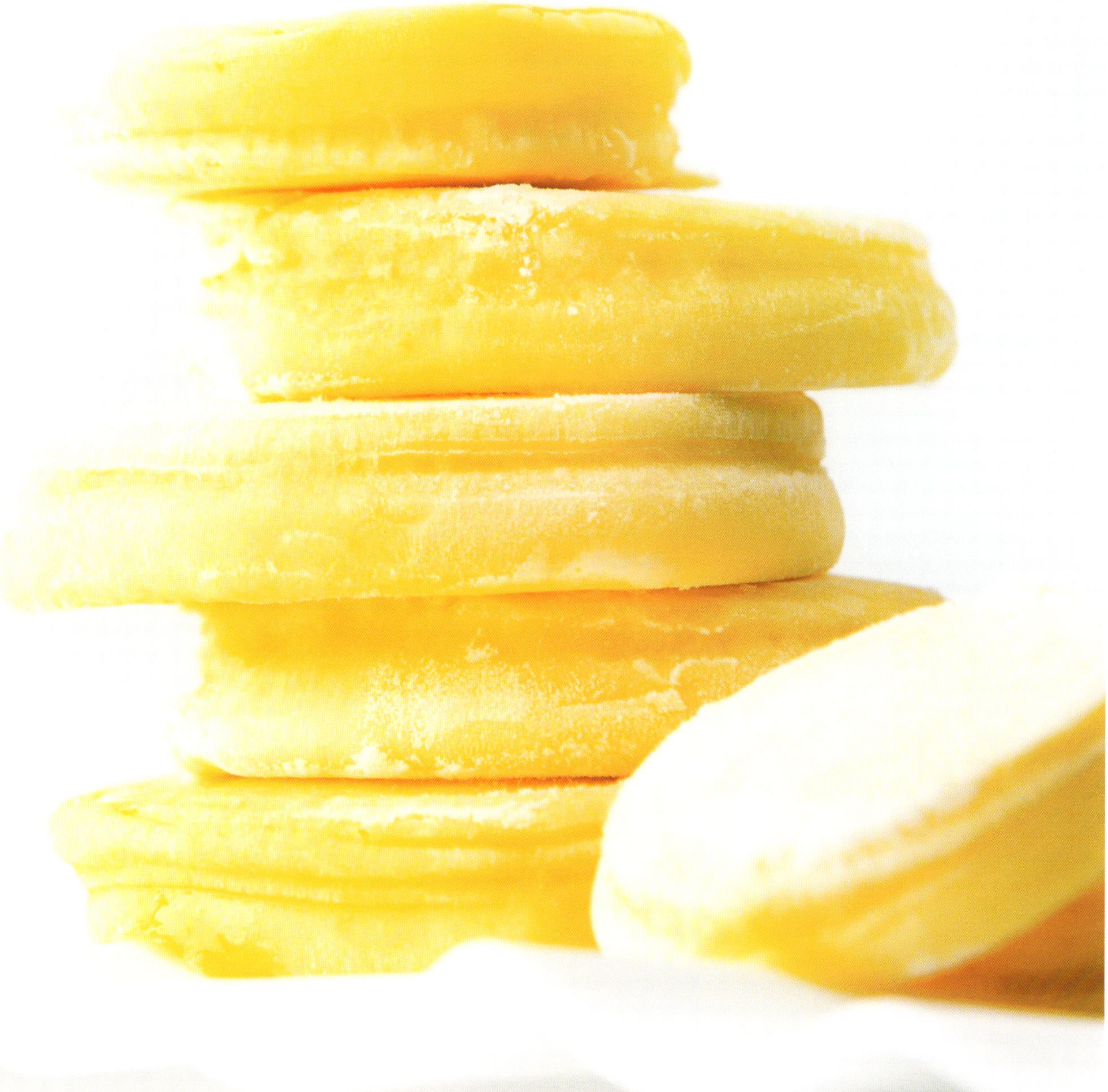

28 UVA CARBONATADA
INFUSÃO RÁPIDA

- *300g de uvas variadas*

1. Colocar as uvas no sifão de 1 litro com o kit de infusão rápida.
2. Juntar 2 cápsulas de gás e deixar em descanso por 2 horas.
3. Retirar o gás com o sifão em pé.
4. Abrir o sifão e retirar com cuidado as uvas.
5. Sirva gelado.

SÓ PRA VOCÊ

Pode colocar um pouco de suco de uva junto.

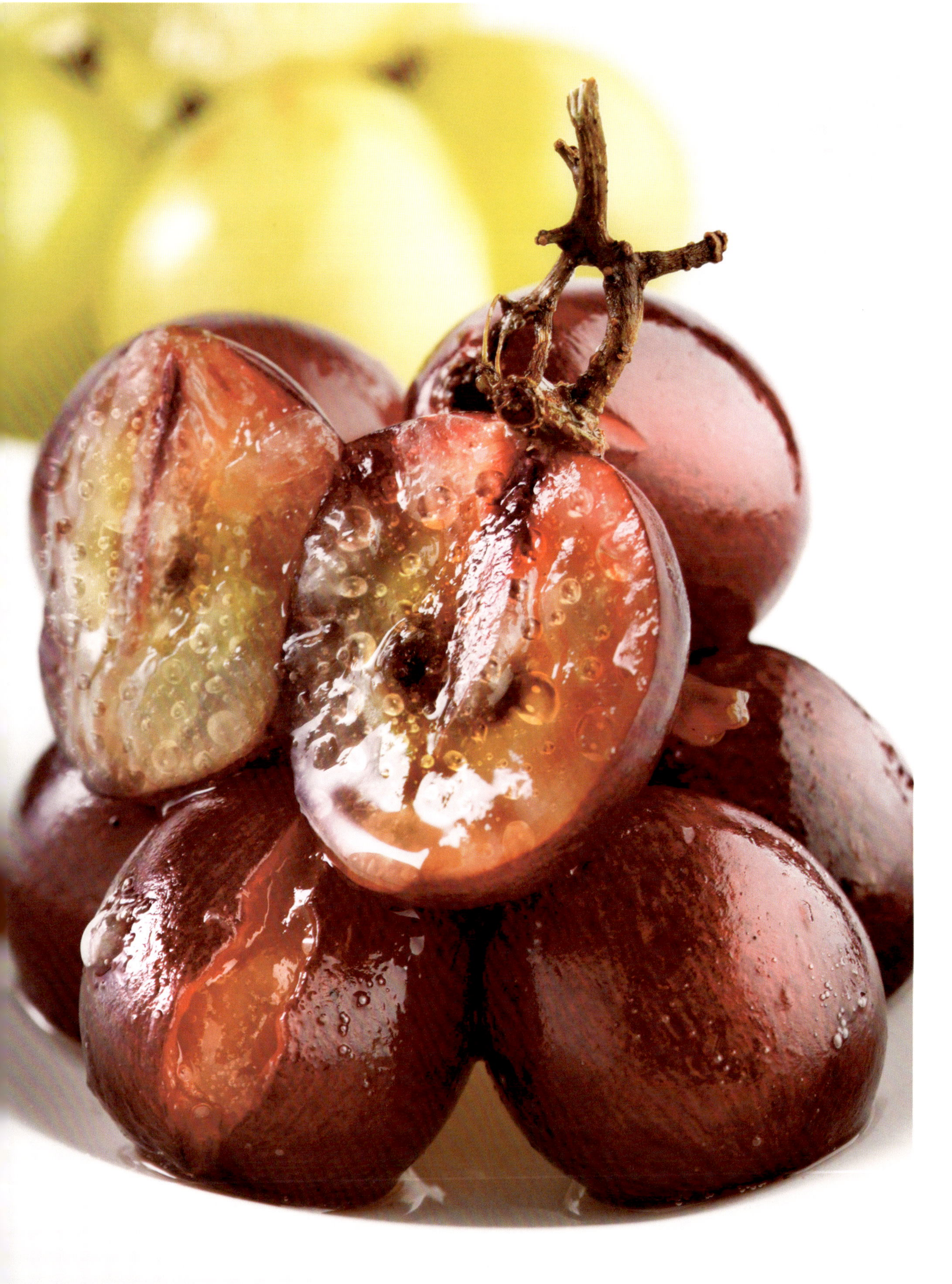

29 | VINAGRE DE FRAMBOESAS
INFUSÃO RÁPIDA

- *300ml de vinagre de maçã*
- *100g de framboesas*

1. Coloque no sifão de 0,5l o vinagre e as framboesas e adicione 1 cápsula de gás.
2. Deixe o sifão em repouso por 1 hora.
3. Retire o gás com o sifão em pé, abra o sifão e peneire as framboesas.
4. Guarde ou sirva da maneira desejada.

SÓ PRA VOCÊ

Esse tipo de rápida infusão poder ser feita com bebidas alcoólicas e gorduras também. Quando mais sólidos, maior o sabor nos líquidos.

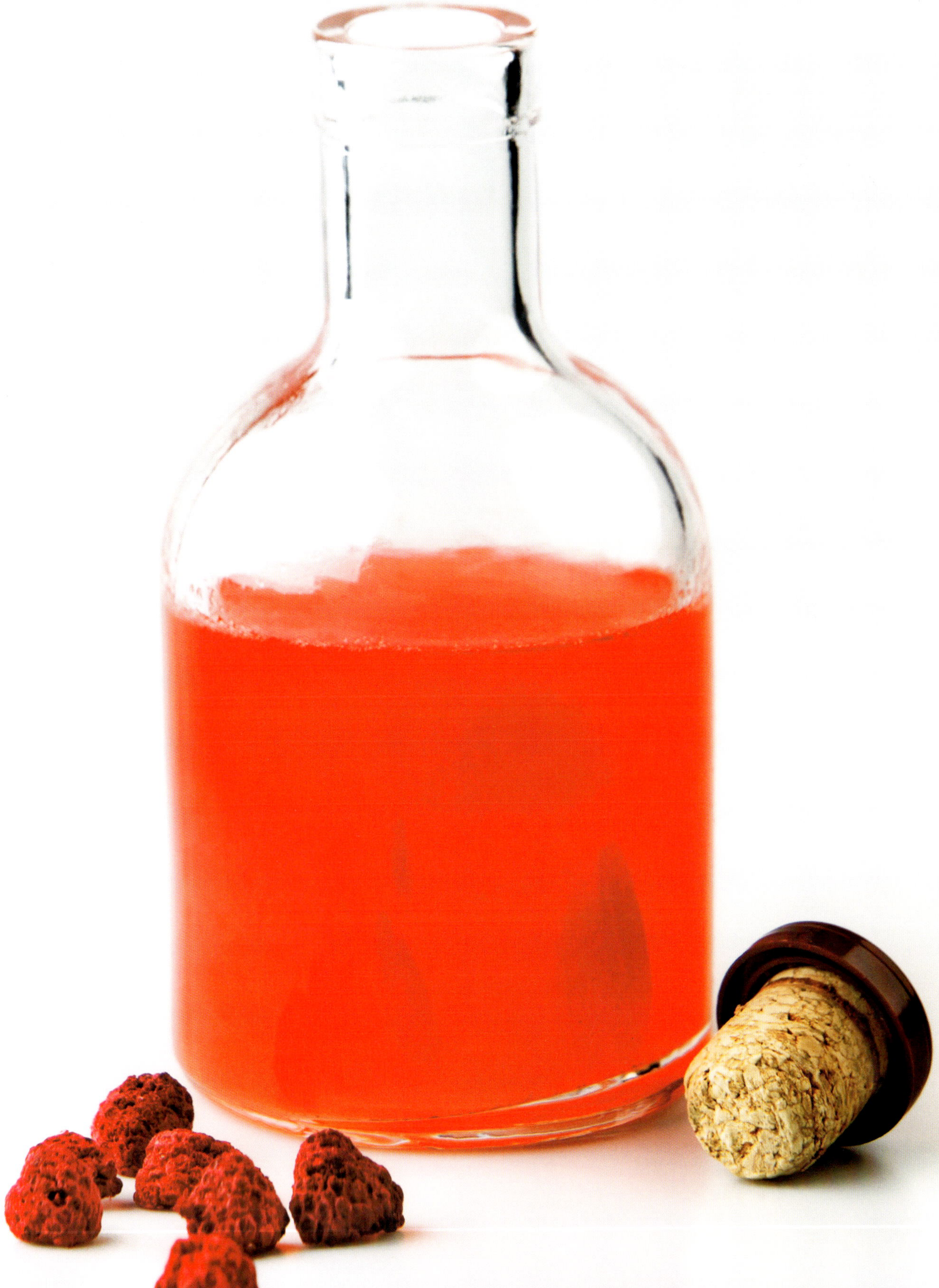

30 | OSTRAS EM INFUSÃO DE GIN E CAVIAR DE AZEITE

ESPUMAS - INFUSÃO RÁPIDA

- *12 ostras frescas*
- *20ml de gin*
- *20ml suco de limão*
- *20ml de azeite de oliva*
- *30g de caviar de azeite*
- *Sal Maldon defumado*
- *Flores para finalização*

1. Retire as ostras das cascas e reserve as cascas para montagem.
2. Em um sifão, coloque as ostras, o gin, o suco de limão e o azeite.
3. Feche o sifão e adicione 1 cápsula de gás. Deixe descansar por 30 minutos.
4. Retire o gás e posteriormente as ostras.
5. Disponha as cascas das ostras sobre um prato com gelo, coloque as ostras sobre as cascas e finalize com o sal e as flores.

SÓ PRA VOCÊ

Pode colocar o suco da infusão sobre as ostras, caso queira ainda mais gosto.

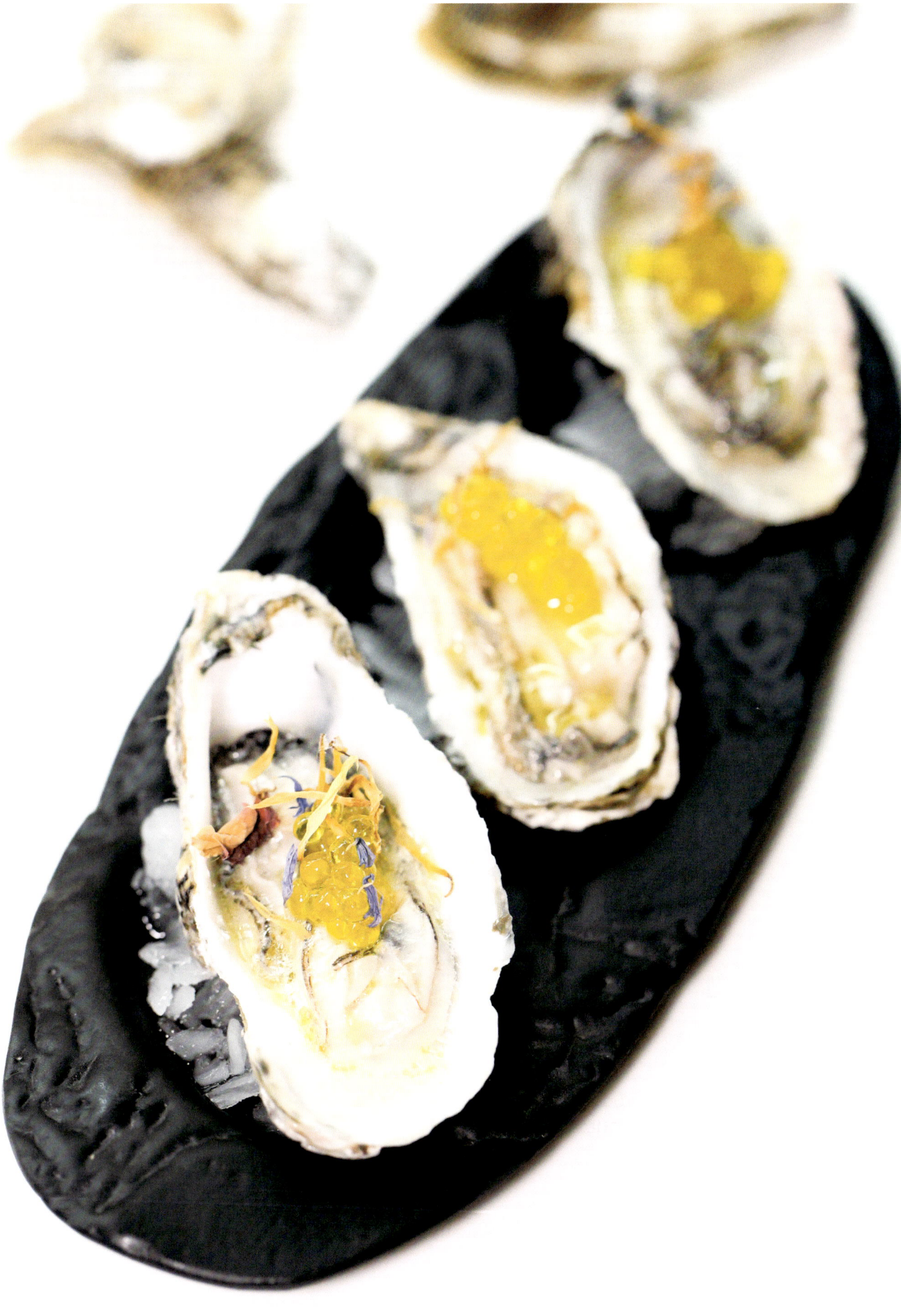

31

DRINK EM CAMADAS
OUTROS - XANTANA

- *100ml de vodka*
- *100ml de licor de chocolate*
- *1g de xantana*
- *Framboesas liofilizadas (Lio Sabores)*

1. Em um copo medidor, junte o licor de chocolate e a xantana. Com um mixer, misture.
2. Em um copo alto, coloque o licor, por cima a vodka e finalize com as framboesas.

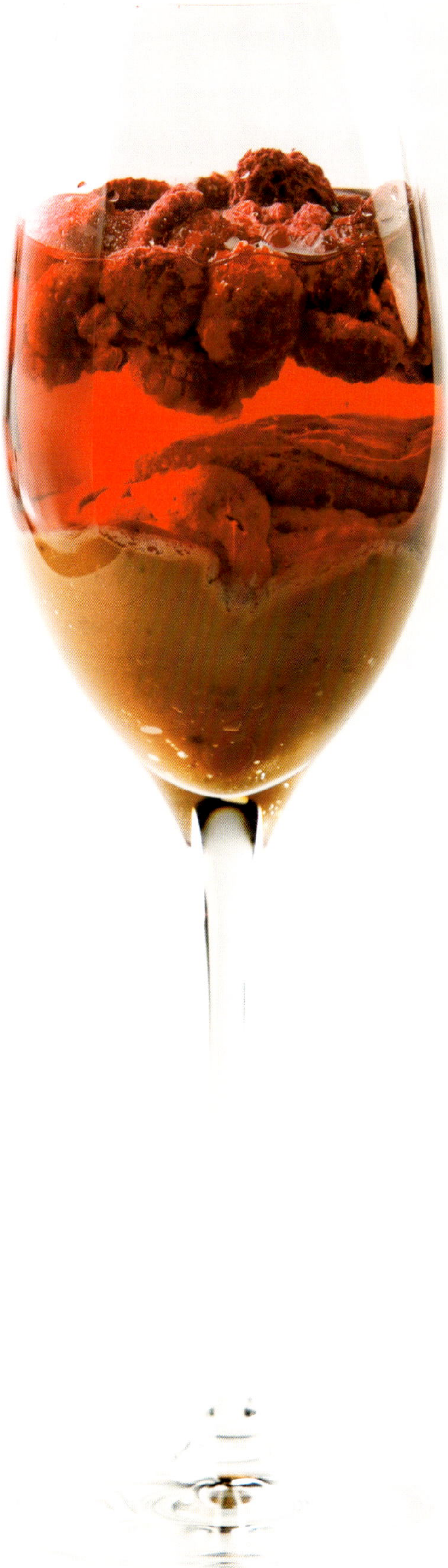

32 PERAS AO VINHO
OUTROS - XANTANA

- *6 miniperas*
- *1 litro de água*
- *100g de açúcar*
- *2 anis estrelados*
- *2 cravos*
- *1 pedaço de canela*
- *200ml de vinho do Porto*
- *1,5g de xantana*

1. Cozinhe as miniperas com a água, o açúcar, o anis, o cravo e a canela em fogo médio por 20 minutos. Retire do fogo e deixe esfriar.
2. Em um copo, junte o vinho do Porto e a xantana e misture com um mixer.
3. Coloque a minipera no prato e cubra com a calda de vinho do Porto.

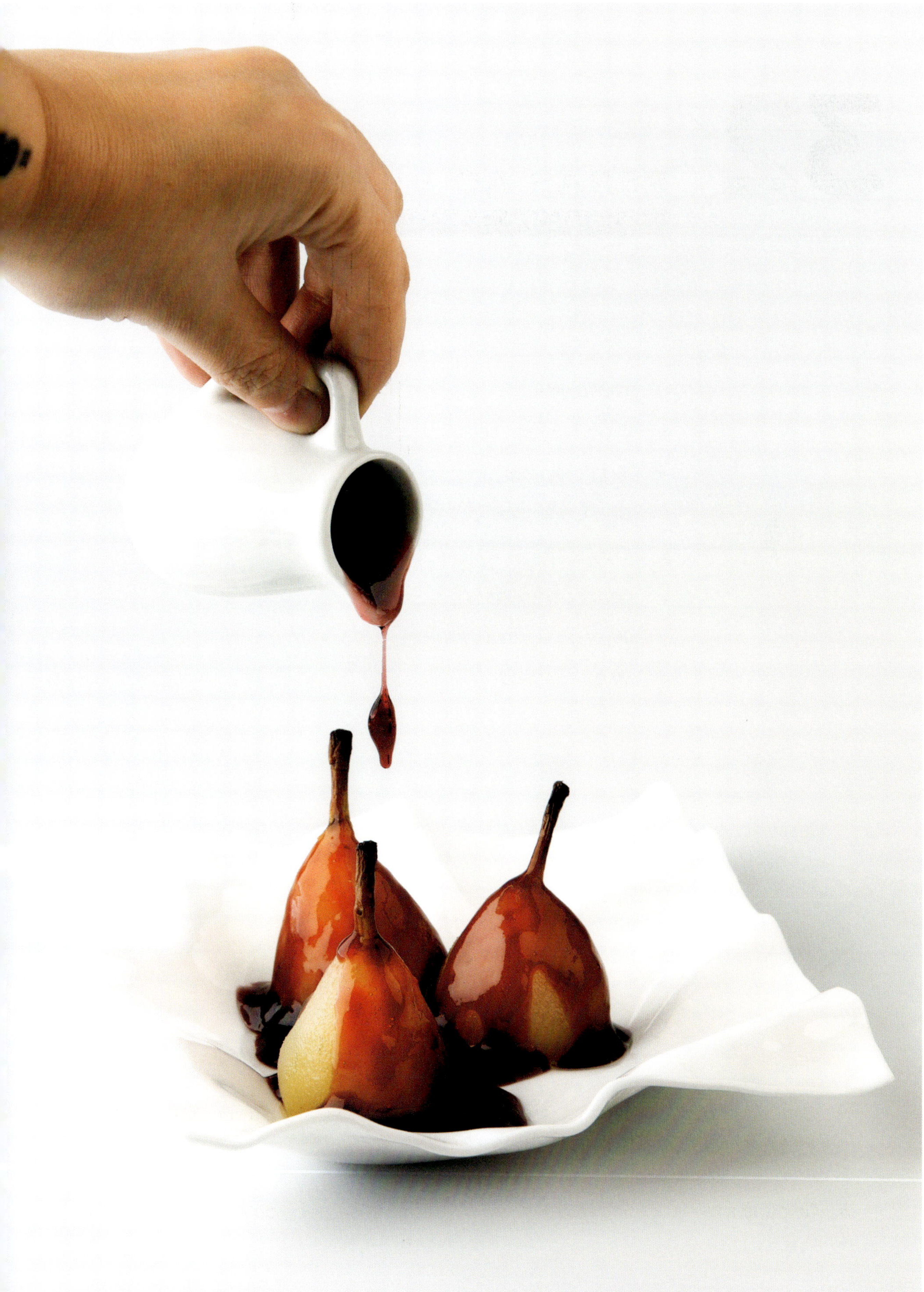

33 | SASHIMI (SALMÃO E TILÁPIA)

OUTROS - TRANGLU - COLA DE PROTEÍNA

- *200g de salmão (lombo)*
- *200g de filé de tilápia*
- *10g de transglutaminase*

1. Limpe o peixe, tirando a pele.
2. Pegue um dos peixes, polvilhe uma fina camada de transglutaminase sobre ele e coloque o outro peixe por cima.
3. Com um filme plástico, junte bem as duas partes e deixe na geladeira por, no mínimo, 2 horas.
4. Corte as fatias do sashimi.
5. Finalize e sirva da maneira desejada.

SÓ PRA VOCÊ

Após as partes serem grudadas, o sashimi pode ser cozido, assado, frito ou até mesmo ser servido cru.

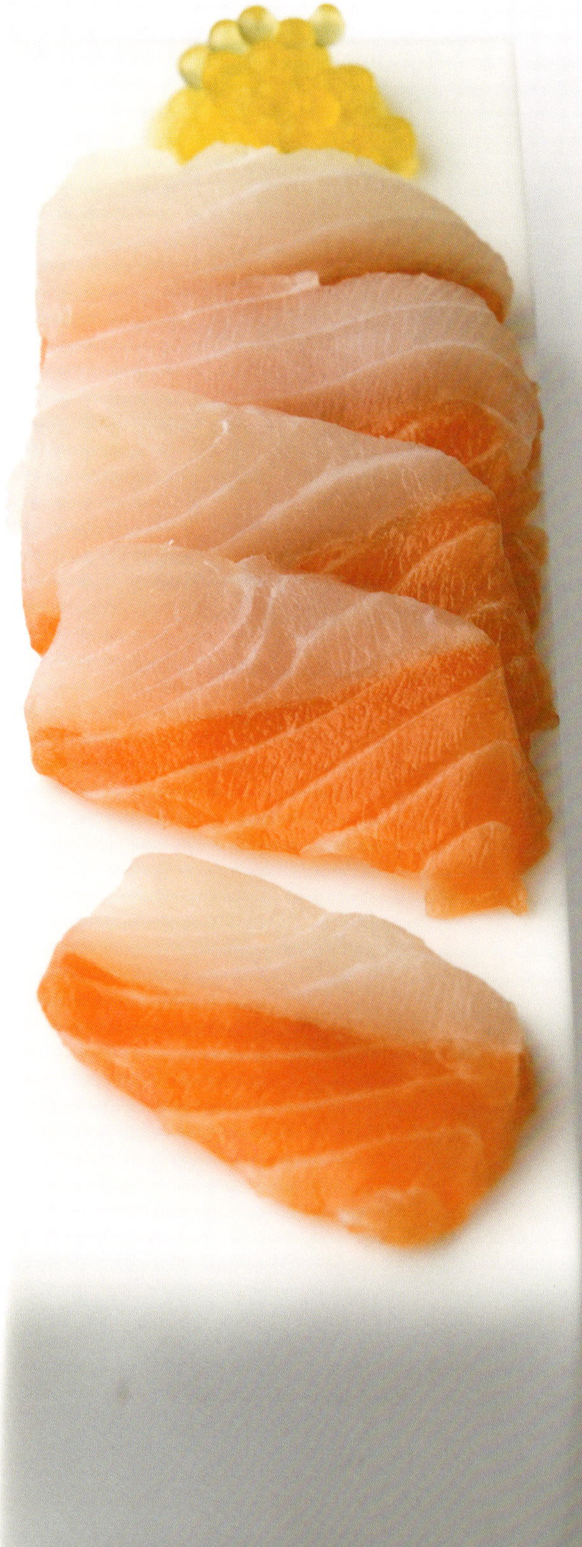

34 | LINGUIÇA DE PEIXE

OUTROS - TRANGLU - COLA DE PROTEÍNA

- *400g de aparas de peixes variados*
- *10g de lemon pepper*
- *20g de transglutaminase*
- *Azeite*

1. Pique as aparas.
2. Em um recipiente, coloque as aparas, o lemon pepper e a transglutaminase e misture bem. Deverá ficar grudando e ter transglutaminase em todos os pedaços de peixe.
3. Estique um filme plástico e coloque um pouco do peixe, já para formar a linguiça.
4. Enrole o filme plástico, apertando para compactar os pedaços de peixe e deslize sobre uma bancada, formando a linguiça.
5. Leve a geladeira por, no mínimo, 2 horas.
6. Sele na frigideira com um pouco de azeite e sirva.

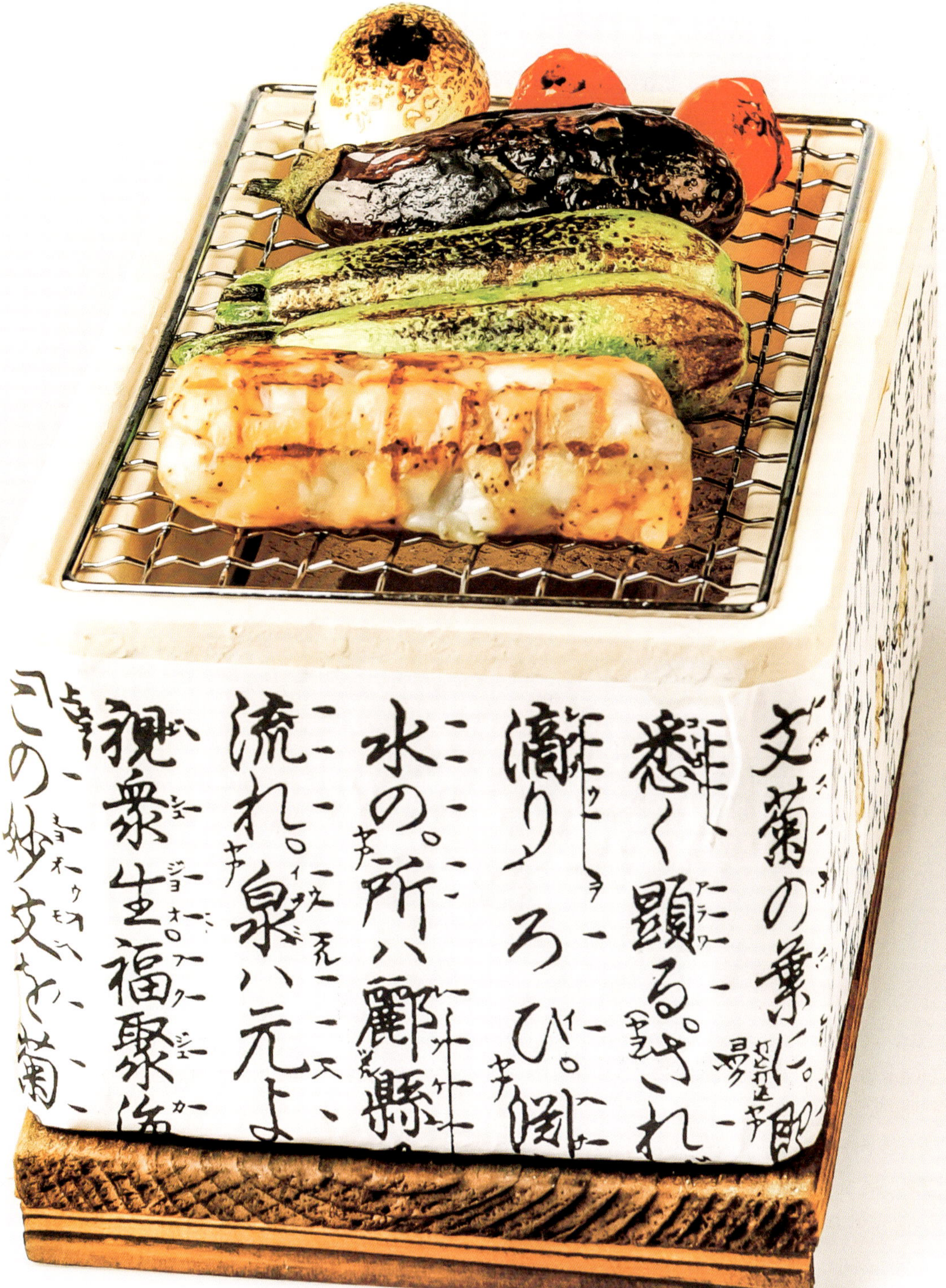

文菊の葉に
水の所ハ酈縣
流れ泉ハ元よ
この妙文を菊

35 FRAMIGNON

OUTROS - TRANGLU - COLA DE PROTEÍNA

- *200g de filé mignon (em filé)*
- *200g de filé de frango*
- *10g de transglutaminase*
- *Sal*
- *Pimenta do reino*
- *Azeite*

1. Pegue o filé mignon, polvilhe uma fina camada de transglutaminase sobre ele e coloque o filé de frango por cima. Coloque mais uma camada de transglutaminase, mais um pedaço de filé mignon e termina com mais um filé de frango.
2. Com um filme plástico, junte bem as partes e deixe na geladeira por, no mínimo, 2 horas.
3. Porcione como desejado.
4. Tempere com sal e pimenta do reino e frite com azeite.
5. Finalize e sirva da maneira desejada.

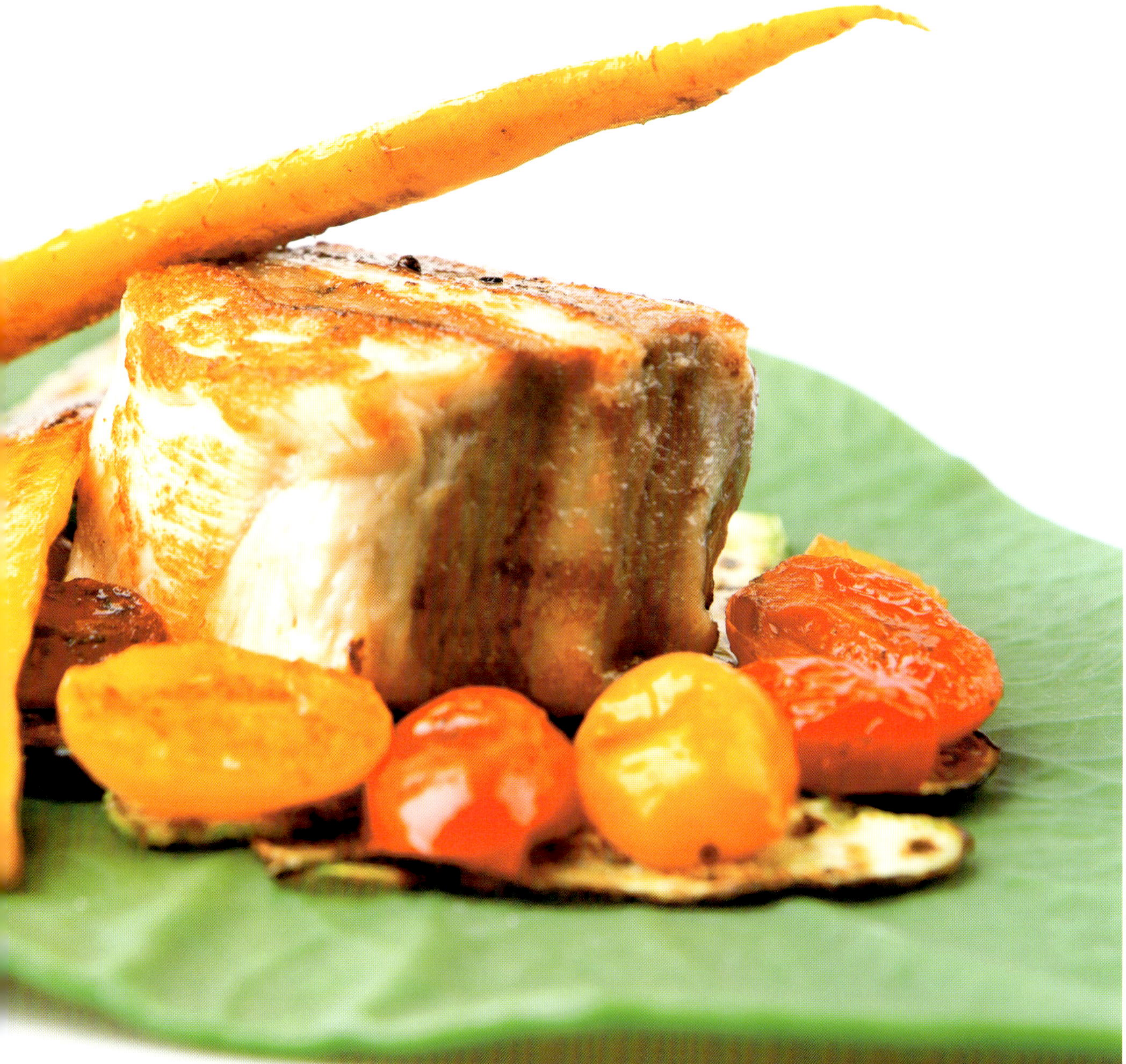

36 AZEITE ENCAPSULADO
OUTROS - ISOMALTE

- *200g de isomalte*
- *200ml de azeite*

1. Aqueça o isomalte até 160°C.
2. Molhe um aro ou bico de confeitar grande com o isomalte, formando uma membrana.
3. Coloque o azeite, com uma colher medidora, no centro da membrana. Faça isso com o aro próximo a mesa, para o peso do azeite baixar o isomalte até encostar em uma placa antiaderente.
4. Puxe o aro para cima para fechar a cápsula e corte com uma tesoura.

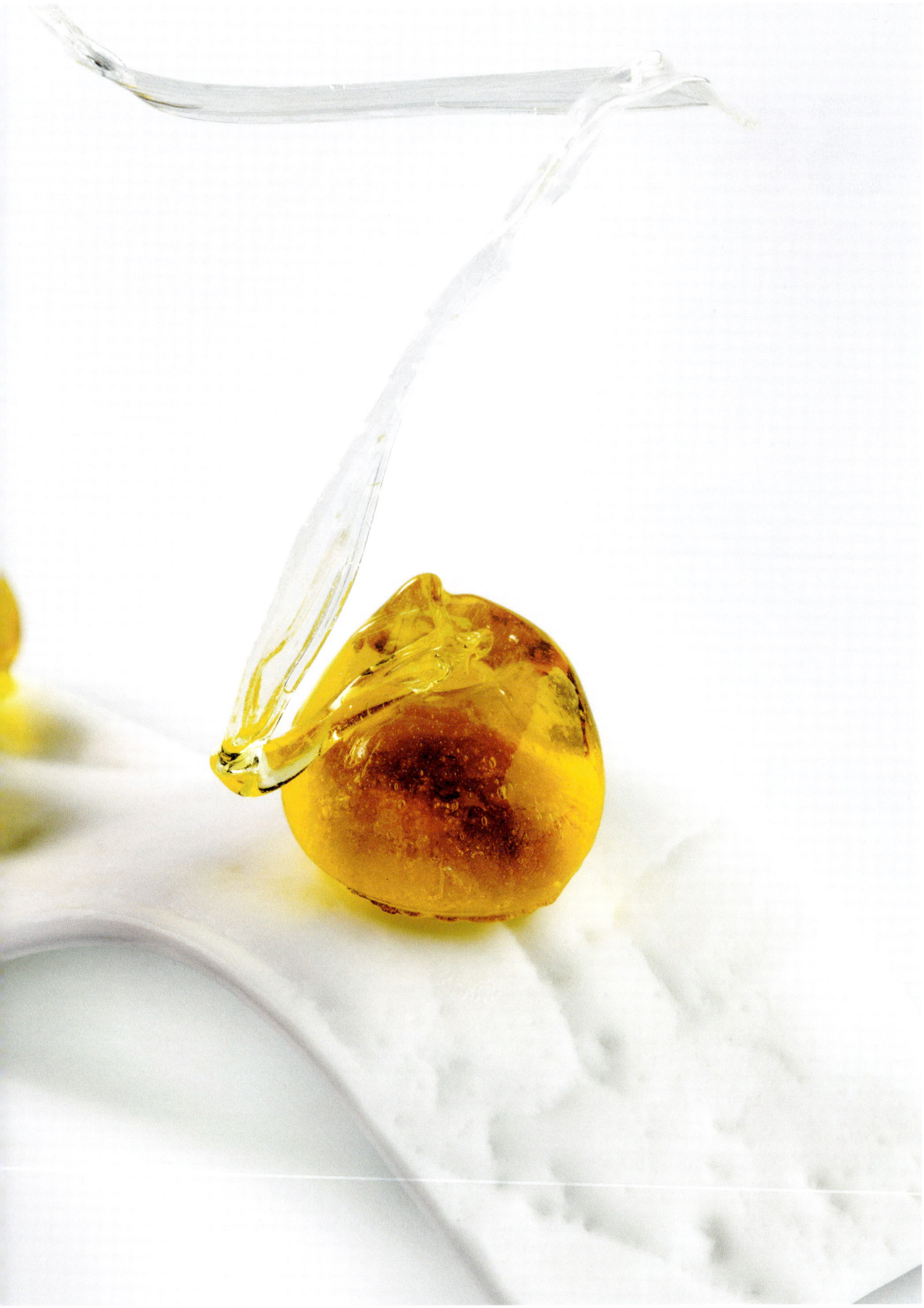

37 | BOMBOM DE MILHO CROCANTE

OUTROS - ISOMALTE

- *100g de mussarela de búfala bola média*
- *100g de isomalte*
- *20g de milho liofilizado (Lio Sabores)*

1. Corte as bolas de mussarela ao meio.
2. Doure, sem nada, o milho liofilizado e reserve.
3. Coloque uma grossa camada de isomalte granulado em um tapete de silicone formando um circulo (tamanho suficiente para cobrir meio pedaço da bola de mussarela)
4. Leve ao forno a 140°C até derreter completamente.
5. Coloque a metade da mussarela de búfala e, sobre ela, espete delicadamente os grãos de milho liofilizado.
6. Retire o isomalte do forno e deixe esfriar.
7. Coloque o disco de isomalte sobre a mussarela com o milho e com um maçarico, derreta rapidamente o isomalte para envolver a mussarela e o milho.
8. Sirva imediatamente.

SÓ PRA VOCÊ

Se quiser, pode temperar o isomalte com sal e ervas secas ou especiarias, colocando junto com o isomalte para derreter no forno.

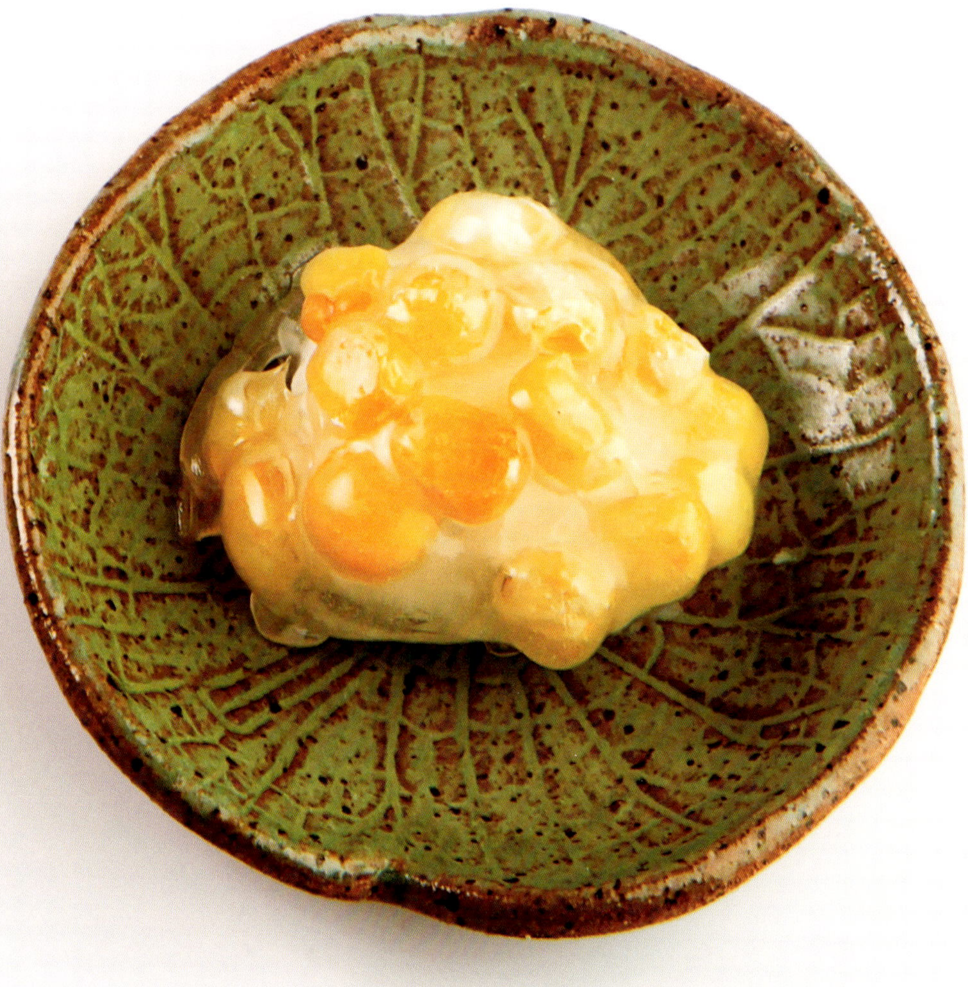

38 AZEITE EM PÓ
OUTROS - MALTODEXTRINA N-ZORBIT

- *50ml de azeite*
- *25g de maltodextrina N-Zorbit*
- *Sal*

1. Misture os dois ingredientes com cuidado até ir formando um pó uniforme.
2. Acerte o sal se necessário.

SÓ PRA VOCÊ

A quantidade de maltodextrina pode variar de acordo com a quantidade de pó que você quer. Vá colocando aos poucos e sentindo.

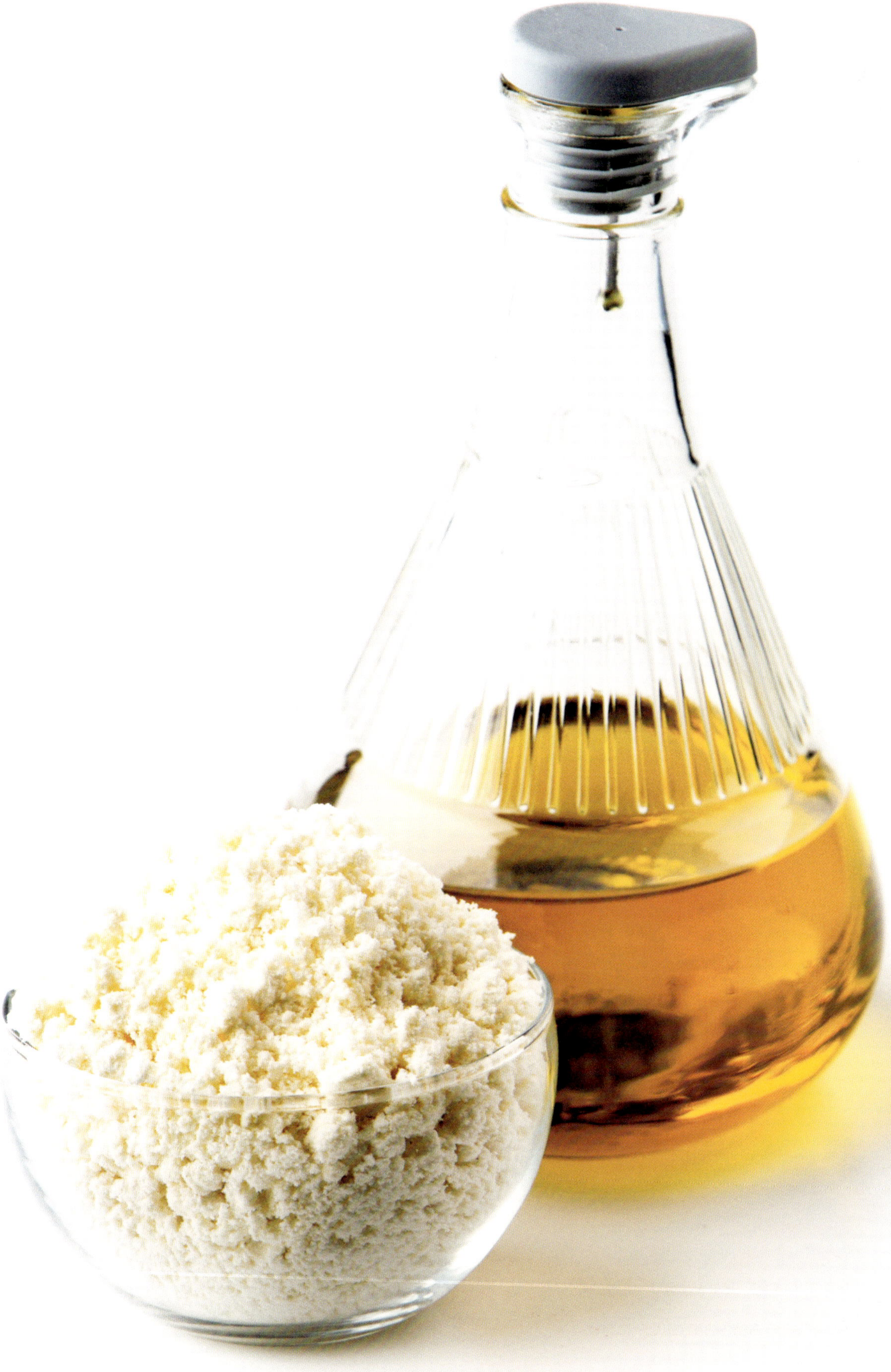

39 SUSPIRO DE TOMATE
OUTROS - MALTODEXTRINA N-ZORBIT

- *250g de água*
- *50g de tomate em pó*
- *25g de albumina*
- *100g de maltodextrina N-Zorbit*
- *Sal*

1. Com um mixer, misture a água, o tomate em pó e a albumina e mixar até estar tudo diluído.
2. Colocar a mistura na batedeira e bater montar, média de 8 minutos.
3. Temperar com um pouco de sal e misturar delicadamente.
4. Porcionar no formato desejado e levar ao forno ou desidratadora a 70°C por 4 horas.

SÓ PRA VOCÊ

O tempo pode variar de acordo com o formato desejado. O da foto fizemos como um biscoito fino.

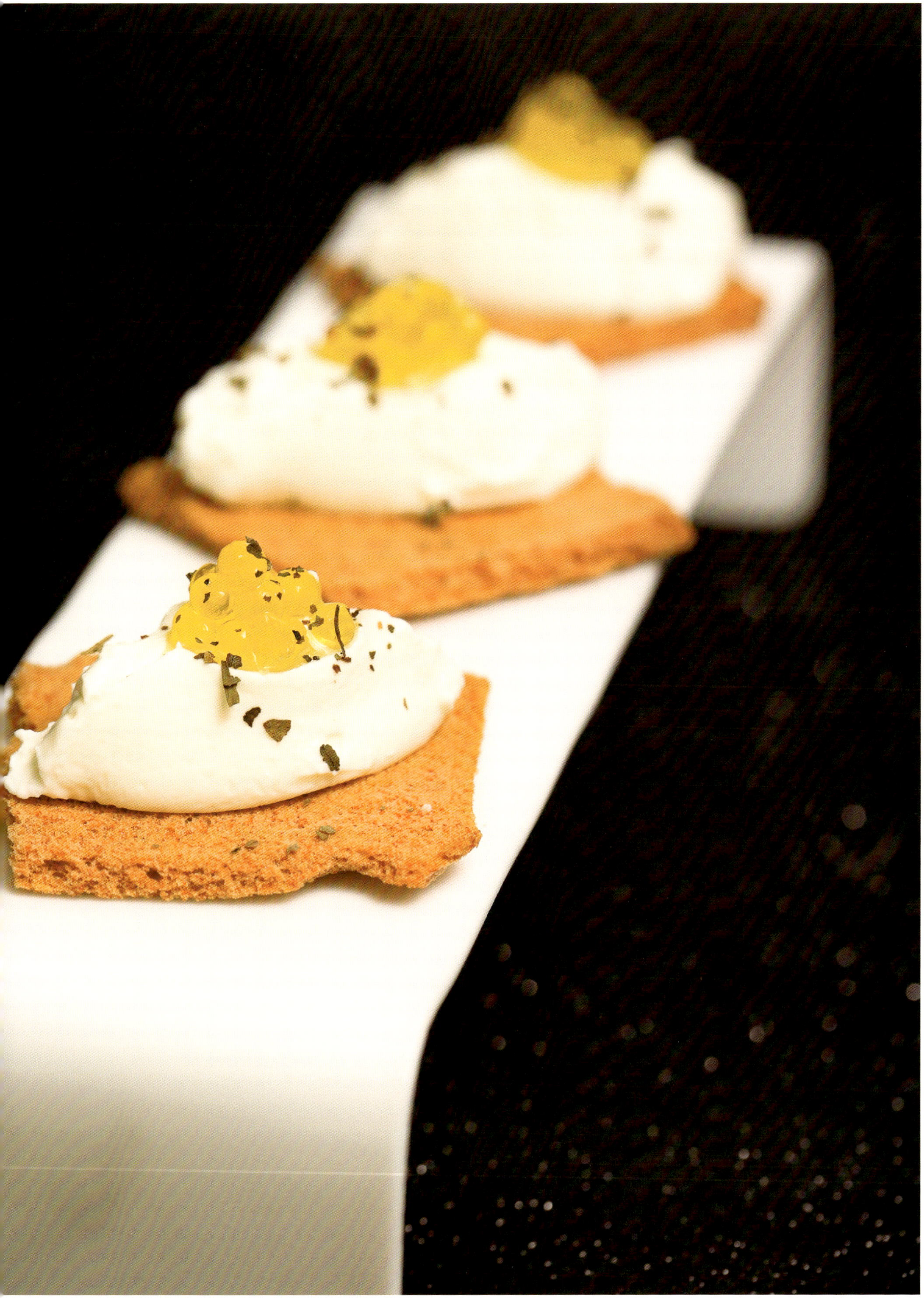

40 TORRONE DE SALGADO
OUTROS - MALTODEXTRINA N-ZORBIT

- *145ml de azeite de amêndoas*
- *60g de maltodextrina N-Zorbit*
- *40g de semente de abóbora torrada*
- *2g de sal*

1. Misture o azeite, o sal e a maltodextrina até que fique uma massa.
2. Junte as sementes e misture.
3. Coloque em uma forma e deixe com 1cm de espessura.
4. Corte com um aro e sirva.

SÓ PRA VOCÊ

Pode também ser colocado em moldes de silicone. Apenas unte antes para sair mais fácil e sem quebrar.

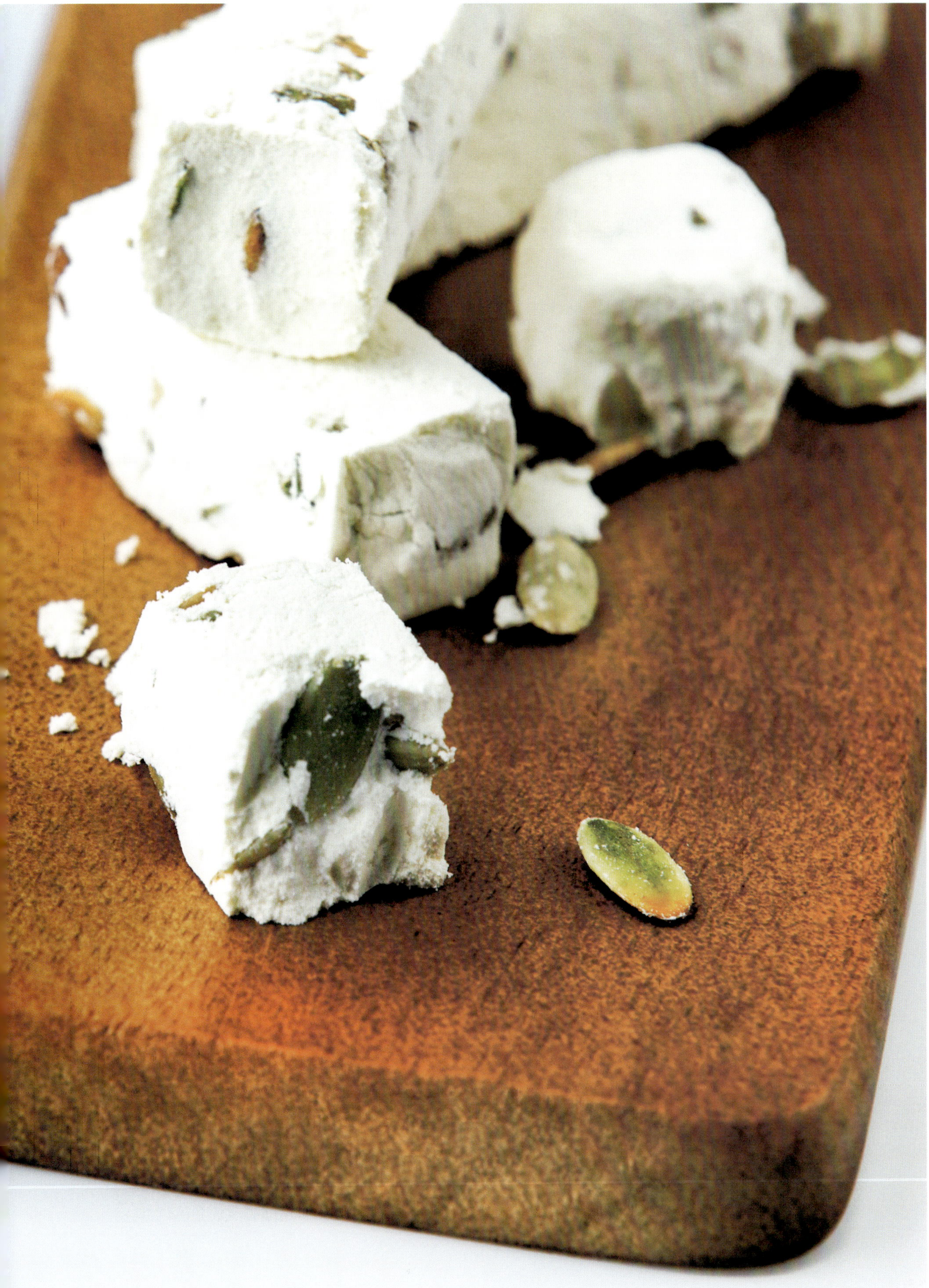

41 PEDRAS DE BATATA
OUTROS - MALTODEXTRINA N-ZORBIT

- *10 batatas bolinha*
- *20g de maltodextrina N-Zorbit*
- *20ml de água*
- *0,5g corante preto*

1. Cozinhe as batatas em água com sal. Retire da água e deixe esfriar completamente.
2. Junte a maltodextrina, a água e o corante e misture até dissolver completamente.
3. Espete um palito e pincele a mistura preta até cobrir por completo a batata. Deixe secar por 2 horas em temperatura ambiente ou 30 minutos em forno a 70°C.

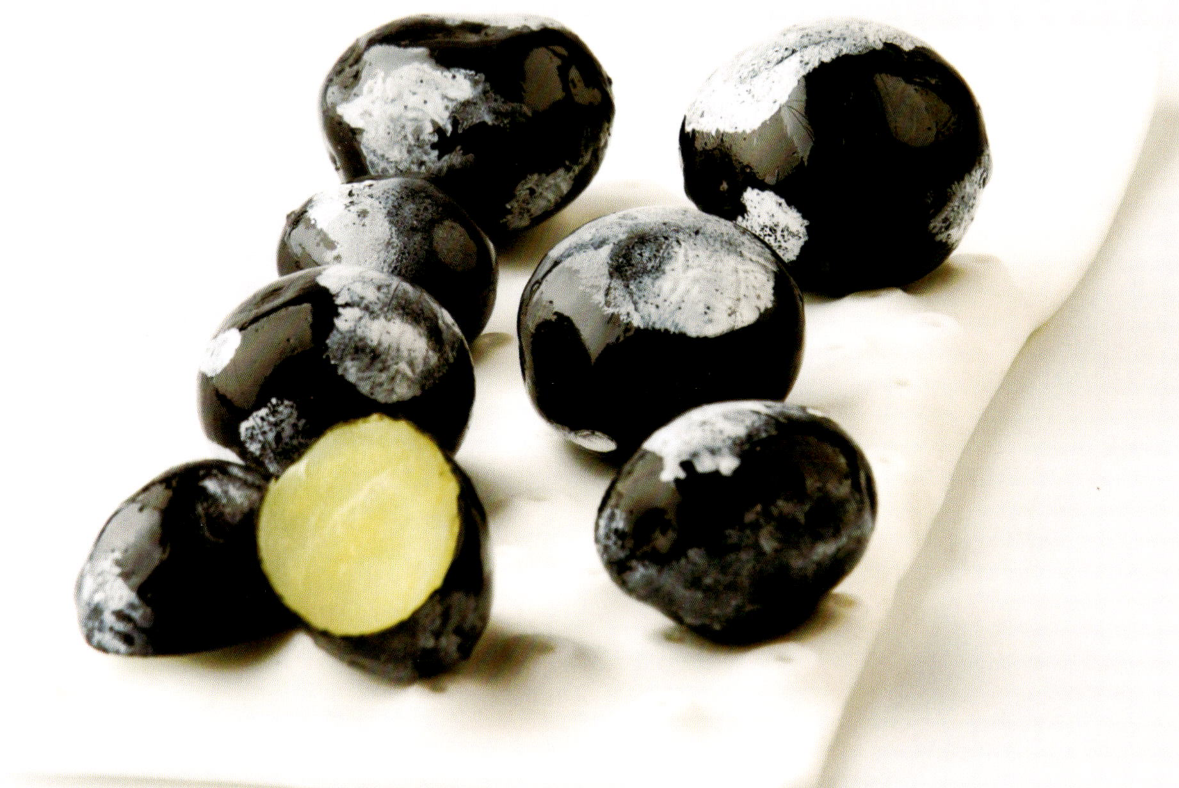

42 PURÊ DE KIWI
OUTROS - ULTRA-SPERSE

- *200ml de kiwi (fruta triturada)*
- *12g de Ultra-Sperse*

1. Misture o Ultra-Sperse aos poucos no kiwi até obter a textura desejada.
2. Sirva como sobremesa ou até mesmo como acompanhamento de um prato.

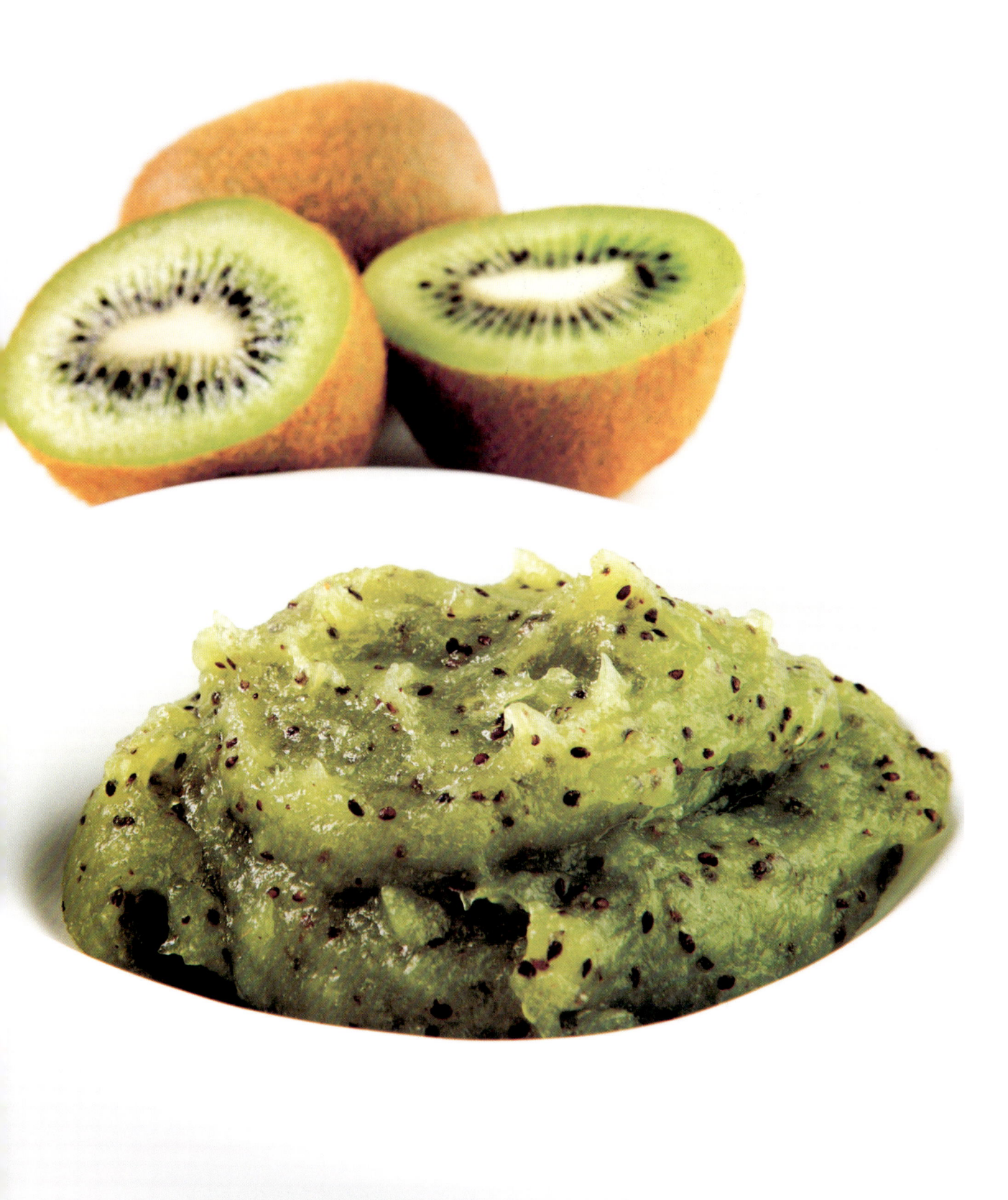

43 NHOQUE FRIO DE QUEIJO

OUTROS - ULTRA-SPERSE

- *200ml de água*
- *20g de queijo parmesão ralado*
- *3g de sal*
- *40g de Ultra-Sperse*
- *200g de tomate cereja*
- *1 dente de alho*
- *Azeite*
- *Sal*
- *Pimenta do reino*
- *Manjericão*

1. Junte em uma panela a água, o queijo, o Ultra-Sperse e o sal e leve ao fogo médio por 7 minutos, até ficar uma massa lisinha.
2. Coloque a massa em um saco de confeitar.
3. Em um bowl, coloque água e gelo e ir gotejando/cortando a massa do saco de confeiteiro, formando os nhoques.
4. Triture os tomates e o alho grosseiramente. Tempere com sal e pimenta do reino.
5. Coloque o molho em uma peneira fina para drenar e usar o líquido.
6. Disponha o líquido de tomate no fundo do prato, coloque o nhoque sobre ele e finalize com folhas de manjericão e gotas de azeite.

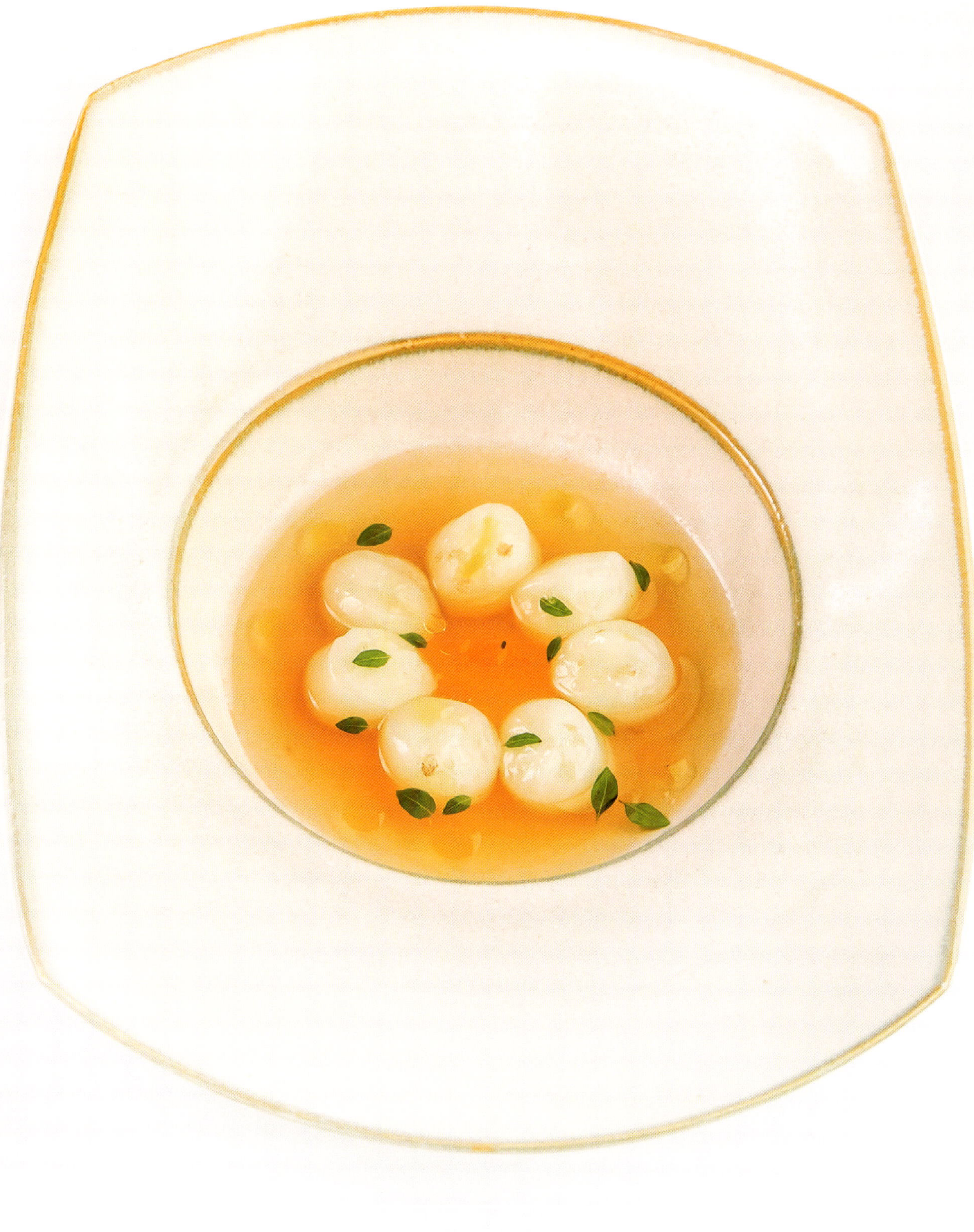

44 | ROLINHO DE AMORA
OUTROS - ULTRA-SPERSE

- *200g de amoras congeladas*
- *100g açúcar*
- *30g de Ultra-Sperse*

1. Misture bem todos os ingredientes até formar uma pasta.
2. Coloque uma camada de 3mm sobre um tapete para desidratadora e leve para desidratar a 65°C por 24 horas.
3. Retire da desidratadora, corte da maneira desejada e faça os rolinhos.
4. Guarde fechado até a hora de servir.

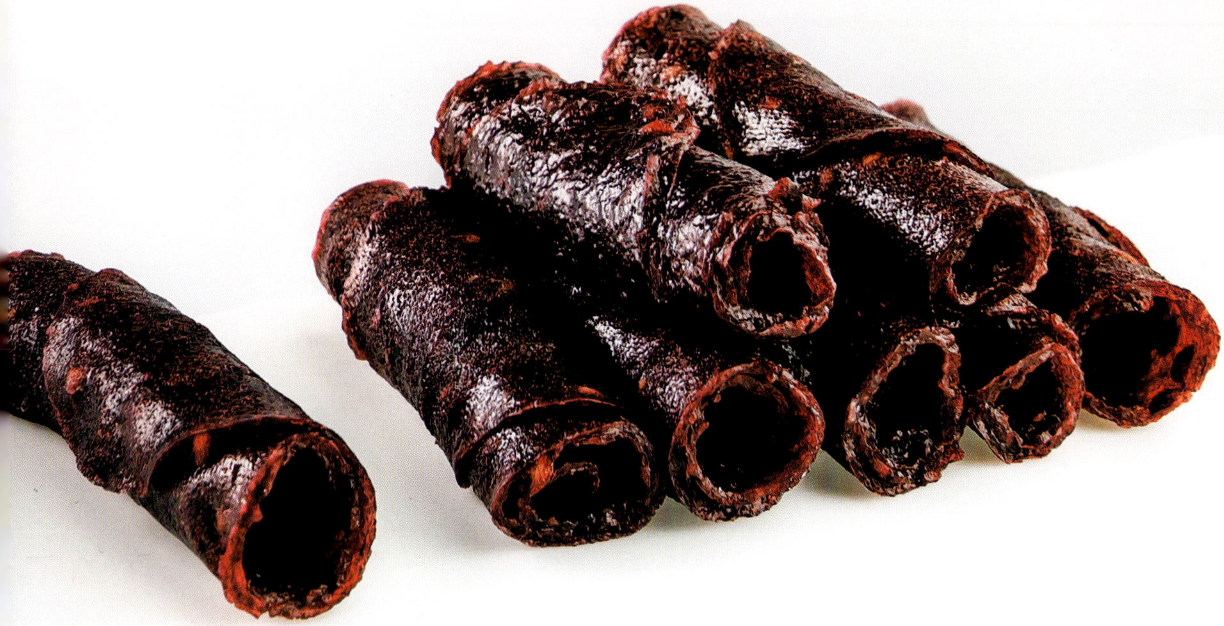

45 | BALA DE GOMA DE FRAMBOESA
OUTROS - PECTINA

- *30g de framboesa liofilizada (Lio Sabores)*
- *115g de água*
- *330g de glucose de milho*
- *500g de açúcar*
- *235g de água*
- *25g de pectina LM*
- *Amido de milho*

1. Hidrate a framboesa liofilizada com 115g de água e, com um mixer, triture para formar um purê.
2. Ferva os 235g de água, retire do fogo e misture a pectina rapidamente com um agitador para diluir completamente. Pode ser usado um mixer.
3. Leve ao fogo a glucose, o açúcar e a pectina diluída, e mexa sempre até começar a ebulição.
4. Junte o purê de framboesa, diminua o fogo e cozinhe em torno de 8 minutos, mexendo sempre.
5. Coloque a bala de goma em formas de silicone e deixe em temperatura ambiente por 24 horas.
6. Retire da forma e coloque em uma bandeja com amido de milho para secar até a textura desejada.
7. Com um pincel, retire o excesso de amido e sirva.

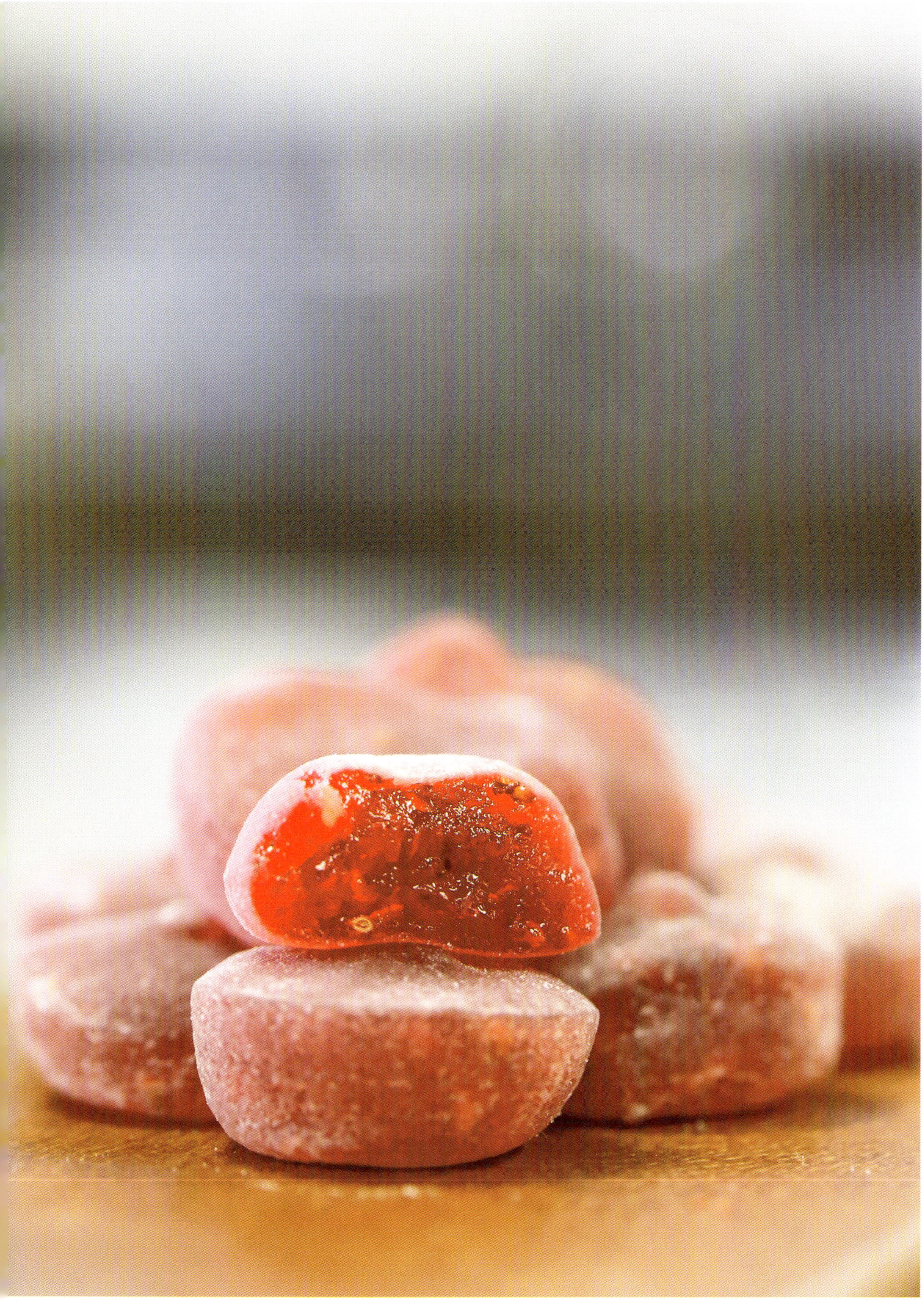

46 | GELÉIA DE MARACUJÁ
OUTROS - PECTINA

- *200g de maracujá*
- *100g de açúcar*
- *6g de pectina LM*

1. Misture todos os ingredientes.
2. Coloque em uma panela e leve ao fogo até ferver.
3. Após ferver, abaixe o fogo e cozinhe por 5 minutos.
4. Retire do fogo e coloque ainda quente em potes de vidro.

SÓ PRA VOCÊ

Se quiser mais duro como uma marmelada é só aumentar a quantidade de pectina. Se quiser mais fino como uma calda, é só diminuir.

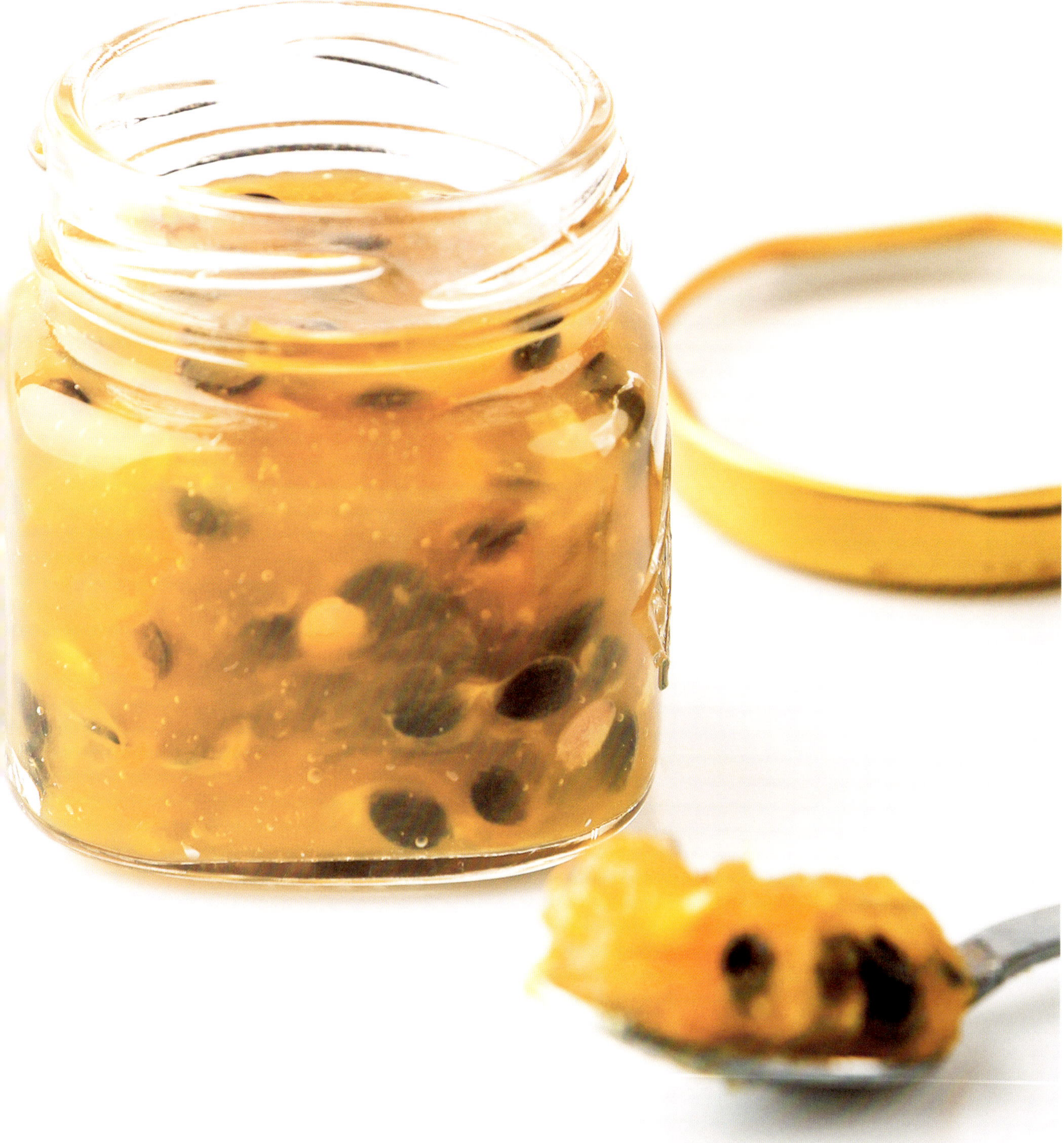

47

SNACK DE MOLHO DE SOJA

OUTROS - OBULATO

- *15 folhas de obulato*
- *50ml de molho de soja*
- *Gergelim torrado*

1. Em um silpat, coloque uma folha de obulato.
2. Passe sobre ela uma fina camada de molho de soja com ajuda de um pincel e coloque mais uma folha por cima.
3. Passe mais uma fina camada de molho de soja, salpique um pouco de gergelim torrado e coloque outra folha de obulato.
4. Retira o processo do início, deixando cada snack com 3 folhas de obulato.
5. Leve a desidratadora a 60°C por 1 hora ou no forno a 100°C por 5 minutos.

SÓ PRA VOCÊ

O tempo quando feito no forno pode variar, então fique de olho para retirar quando estiver seco.

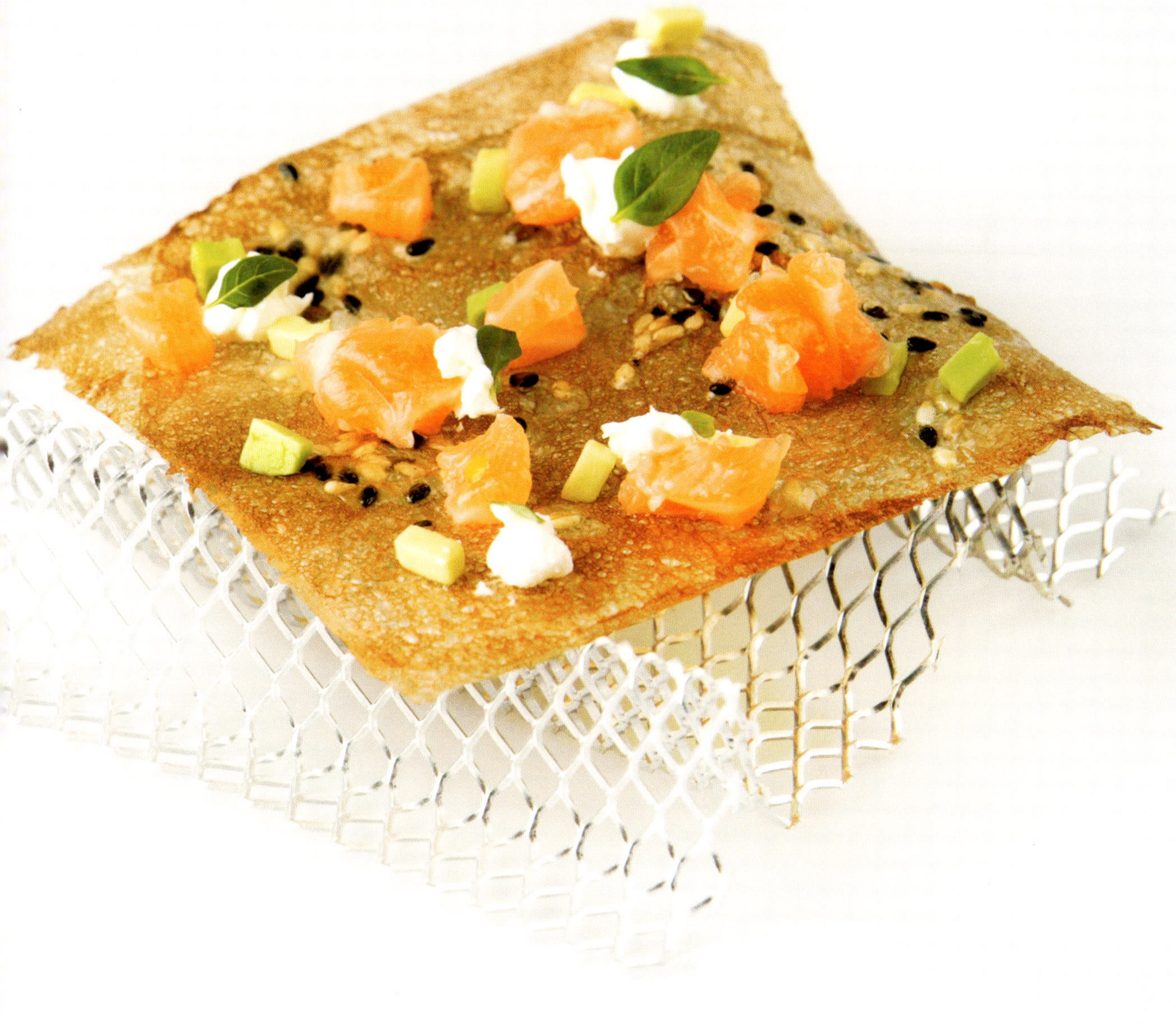

48

SAQUINHO DE MILHO
OUTROS - OBULATO

- *10 folhas de obulato quadrado*
- *50g de milho liofilizado (Lio Sabores)*
- *10g de manteiga*
- *Sal*

1. Salteie rapidamente o milho na manteiga para dourar. Ajuste o sal.
2. Dobre o obulato para formar um triângulo.
3. Em uma seladora manual, sele um dos lados.
4. Coloque o milho e sele o outro lado para fechar.
5. Repita o processo com as outras folhas.

SÓ PRA VOCÊ

Pode se feito com ingredientes secos ou gordurosos. Ingredientes líquidos irão molhar o obulato e o mesmo irá se desfazer.

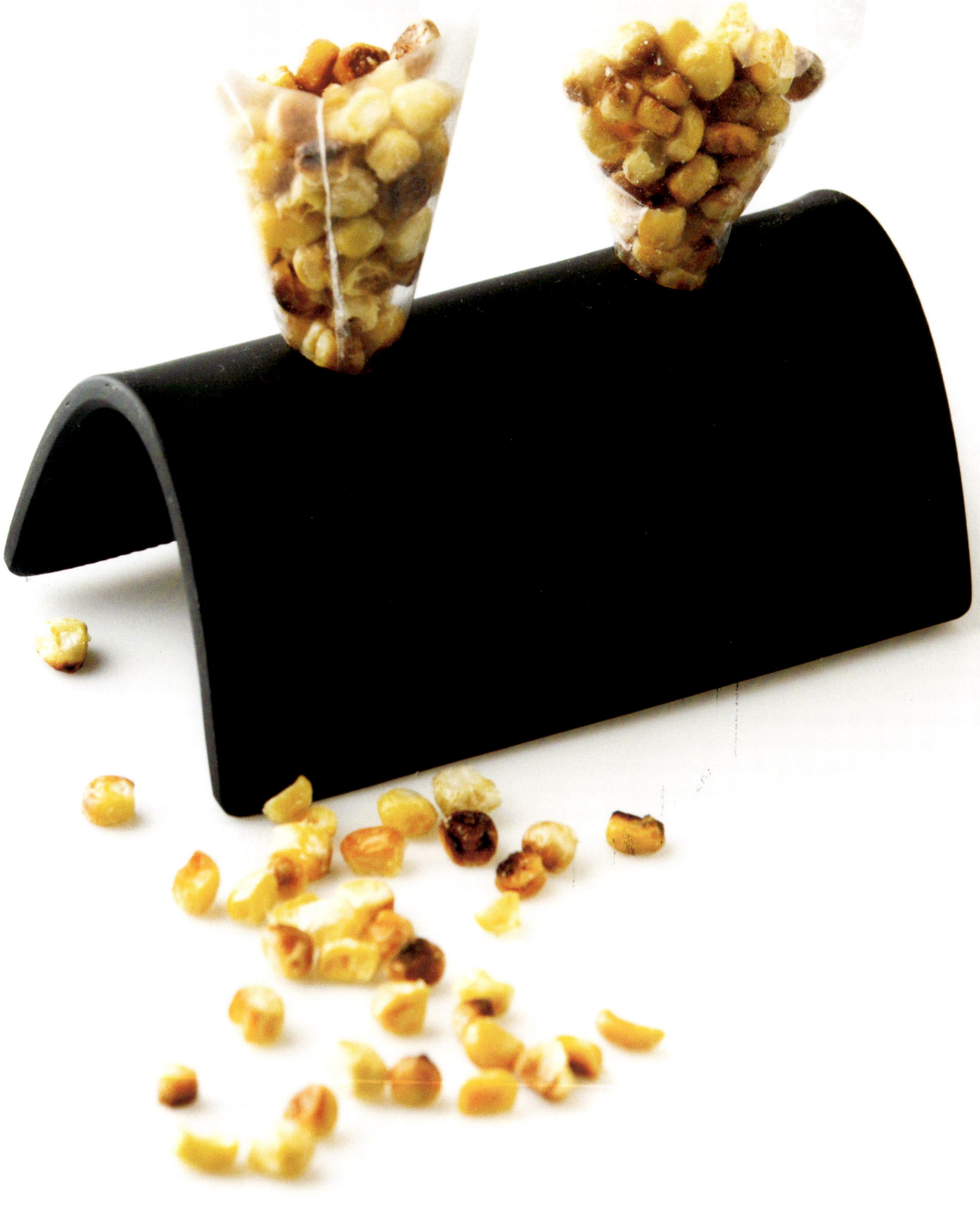

49 TEMAKI DE ATUM

OUTROS - OBULATO

Para caramelo neutro
- *200g de fondant*
- *100g de isomalte*
- *100g de xarope de glucose*

Para temaki
- *300g de atum*
- *300g de queijo cottage*
- *8 folhas de obulato quadrado*
- *100ml de creme de leite fresco*
- *Coentro*
- *Sal*
- *Azeite*

1. Misture todos os ingredientes para o caramelo neutro e leve ao fogo até derreterem por completo.
2. Coloque o caramelo derretido em um tapete de silicone e deixe endurecer.
3. Após endurecido, bater em um processador até ficar pó e guardar em pote fechado hermeticamente para o uso.
4. Coloque em um tapete de silicone as folhas de obulato separadas e polvilhe uma grossa camada de caramelo neutro em pó.
5. Leve ao forno a 100°C até o caramelo estar totalmente derretido (cerca de 5 minutos). Não retire o tapete de silicone por completo do forno pois se esfriar rápido irá endurecer.
6. Retire um a um os obulatos com caramelo, já fazendo o formato do cone do temake e deixando esfriar. Após frio, guardar em pote fechado hermeticamente para o uso.
7. Misture o cottage e o creme de leite, ajuste o sal e coloque em um sifão de 500ml com uma cápsula de gás.
8. Pique o atum em pedaços pequenos, tempere com azeite e coentro picado.
9. Pegue um cone, coloque a espuma de cottage até a metade e complete com o atum picado.
10. Sirva imediatamente.

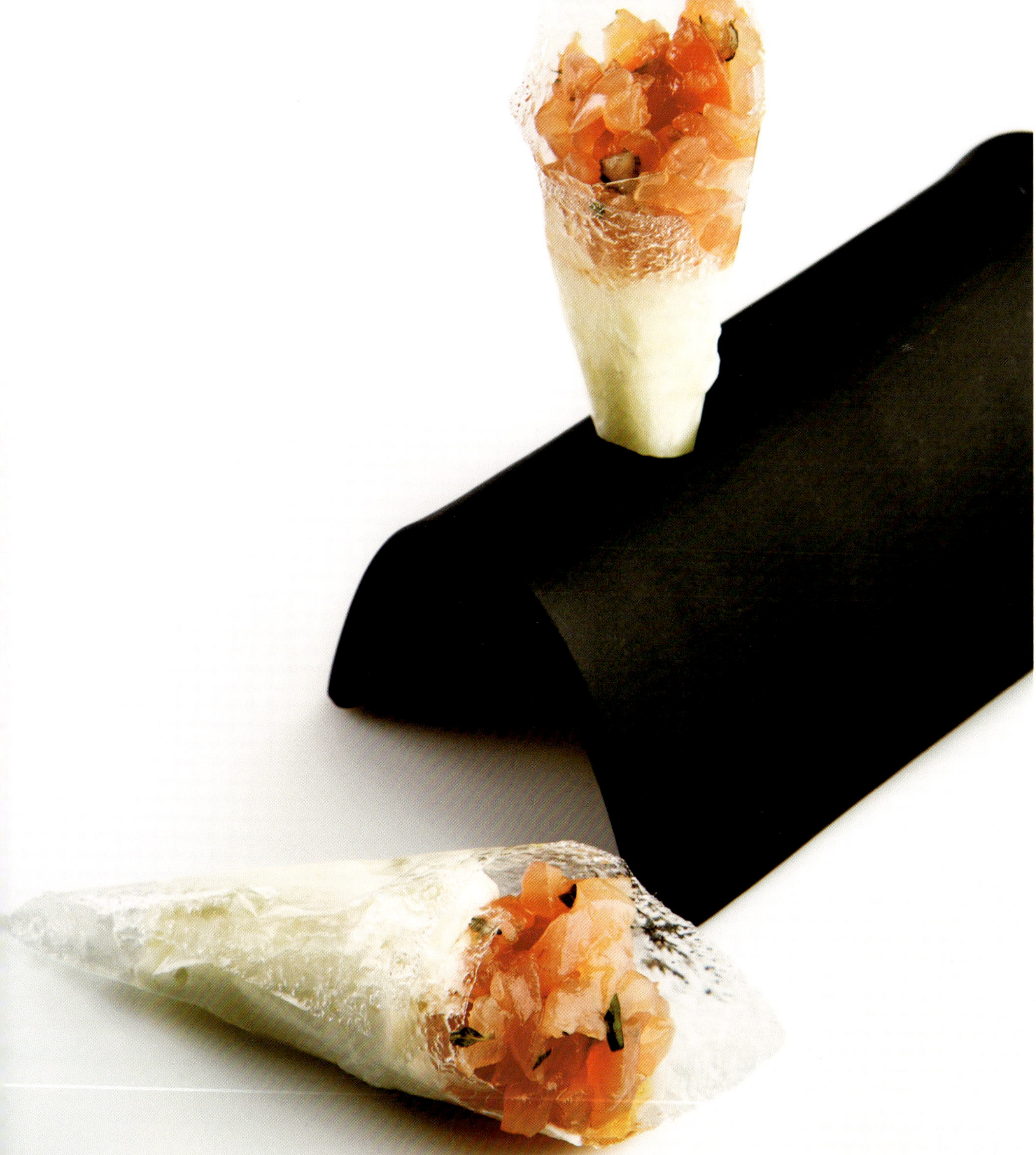

50 | PEDRAS DE MANGA COM CHOCOLATE
OUTROS - LIOFILIZADOS

- *300g de chocolate ao leite temperado*
- *40g de manga liofilizada (Lio Sabores)*

1. Banhe os pedaços de manga liofilizadas com o chocolate temperado, cuidando para estar totalmente banhado.
2. Retire os pedaços de manga cobertos de chocolate e e coloque em um tapete de silicone para esfriar.
3. Deixe o chocolate esfriar e guarde em potes fechados hermeticamente.

SÓ PRA VOCÊ

Você pode usar qualquer fruta liofilizada e qualquer tipo de chocolate para fazer. Você vai adorar!

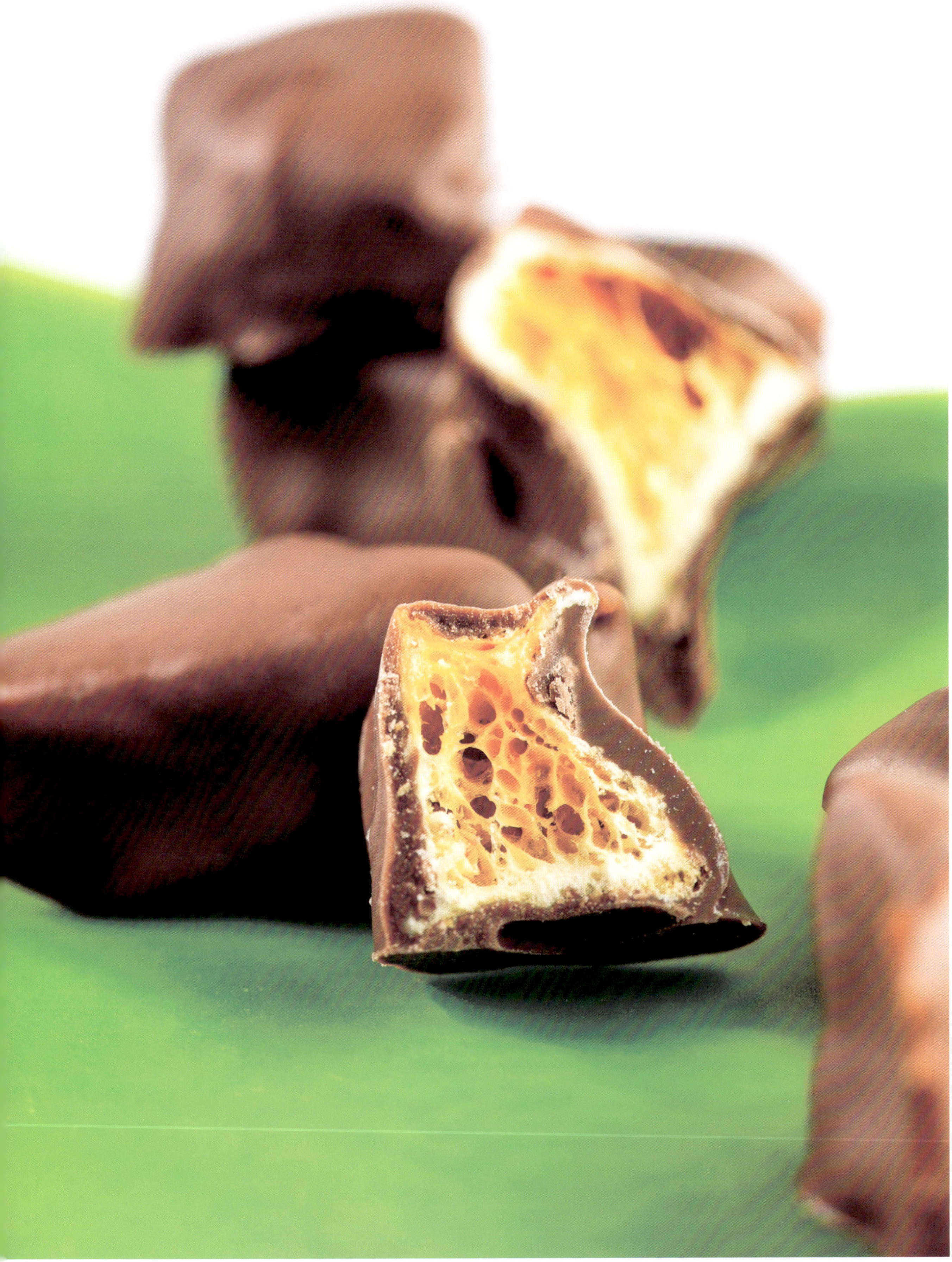

51 BOLACHINHAS DE FRUTAS

OUTROS - LIOFILIZADOS

- *200g de farinha de trigo*
- *100g de manteiga sem sal*
- *40g de açúcar de confeiteiro*
- *1 ovo*
- *15g de framboesas liofilizadas (Lio Sabores)*

1. Triture a framboesa para transformar em pó.
2. Misture a farinha e a manteiga gelada até ficar uma farofinha.
3. Junte o açúcar e a gema do ovo.
4. Coloque a clara aos poucos, até dar a consistência na massa.
5. Faça uma bola, enrole em filme plástico e leve a geladeira por 30 minutos.
6. Abra a massa com 4mm de espessura e corte com um cortador.
7. Coloque em um tapete de silicone e leve ao forno a 160°C por 40 minutos.

SÓ PRA VOCÊ

O tempo pode variar de acordo com o forno.

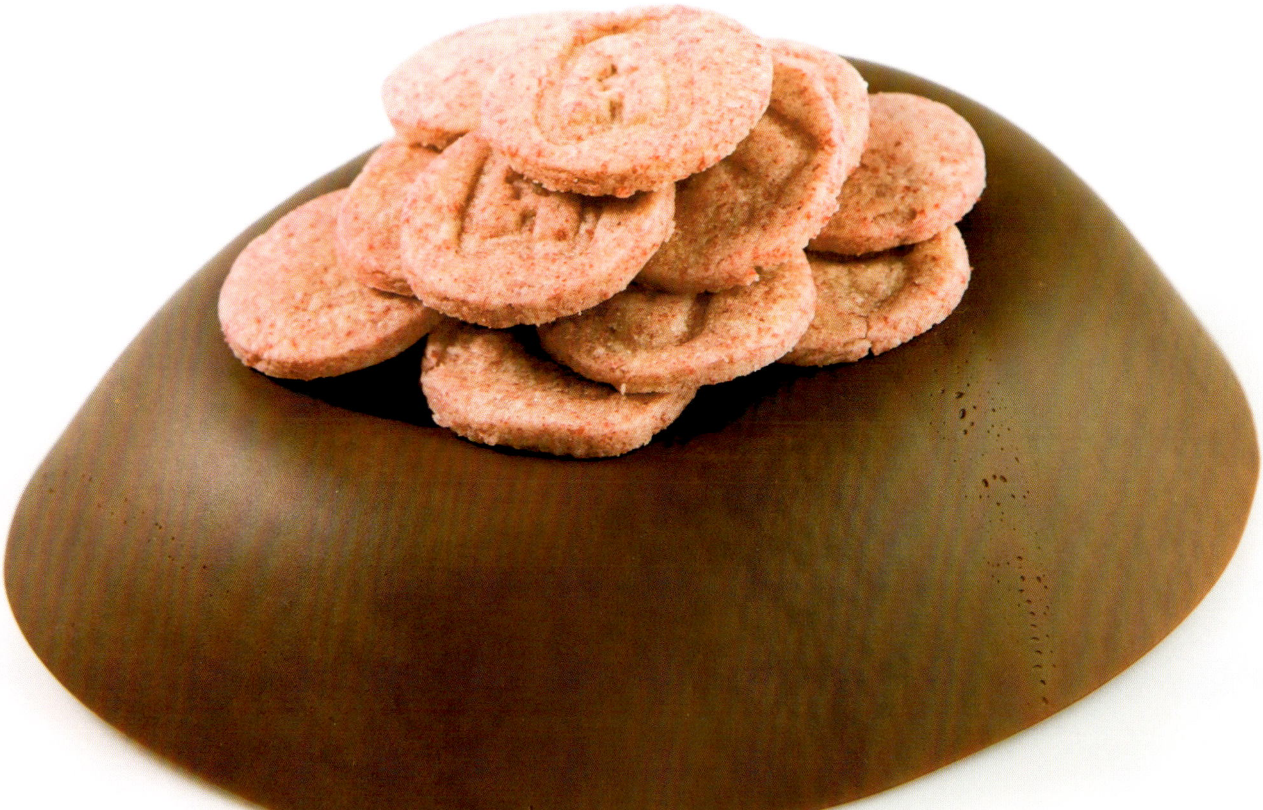

52 | MANTEIGA DE AZEITE
OUTROS - GLICE

- *100ml de azeite de oliva*
- *6g de glice*
- *Sal*

1. Aqueça o azeite com o glice a mais ou menos 65°C, até o glice dissolver.
2. Retire do fogo, misture o sal e coloque em um recipiente para esfriar.
3. Levar para a geladeira por 5 horas para ficar na consistência de manteiga.
4. Use da maneira desejada.

SÓ PRA VOCÊ

Esse mesmo processo pode ser feito com outras gorduras como de bacon, de pato, etc.

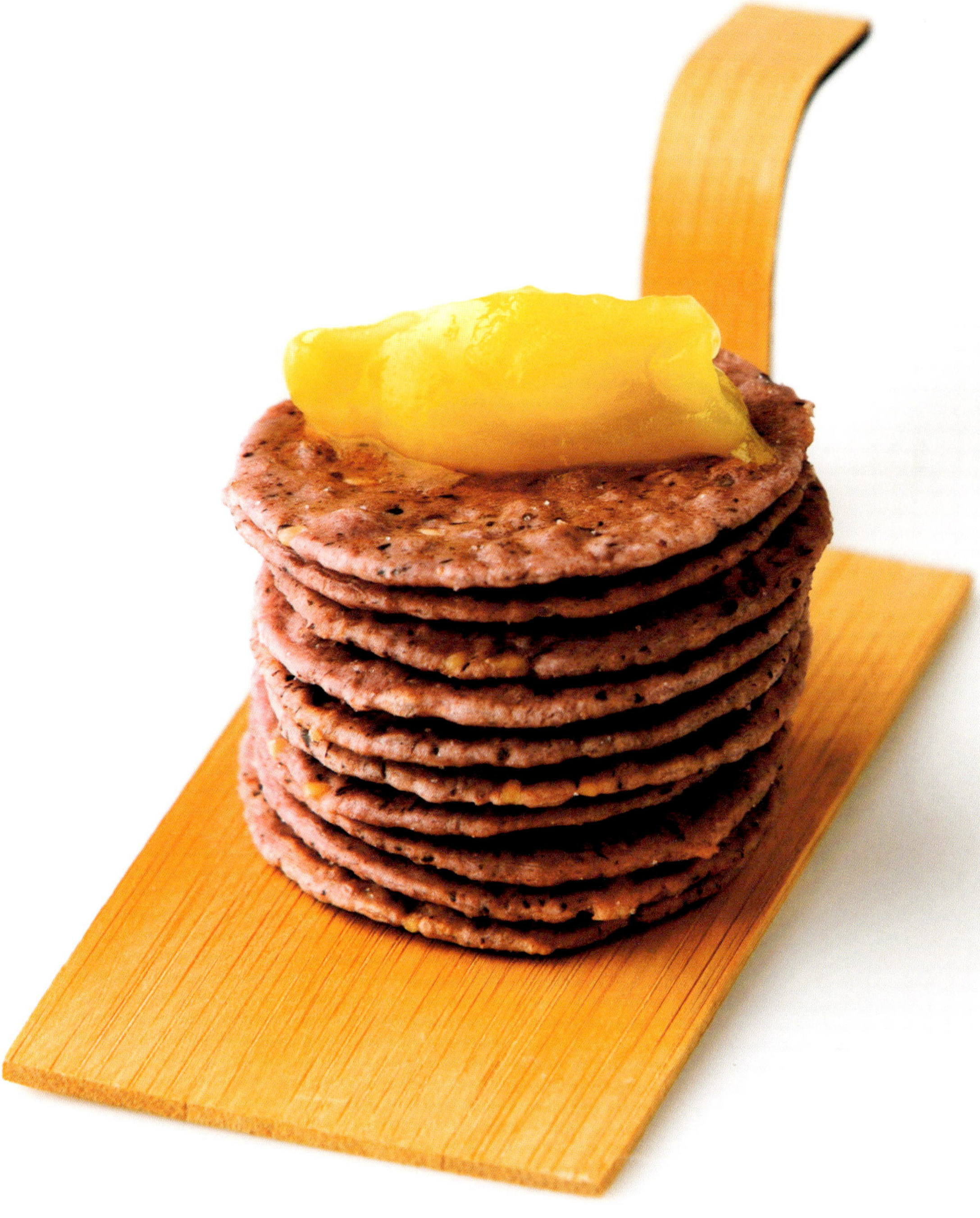

53 MAIONESE DE PISTACHE

OUTROS - GLICE

- *20g de azeite extra virgem*
- *120g de pasta de pistache*
- *120g de fundo de legumes*
- *4g de glice*
- *Sal*

1. Esquentar o azeite com pasta de pistache e o glice até 60°C, até dissolver todo glice. Retire do fogo.
2. Com um mixer, triture a mistura, juntando aos poucos o fundo de legumes para termos uma emulsão.
3. Acerte o sal e leve ao congelador por 2 horas.
4. Retire do congelador e triture na Thermomix para obter uma maionese cremosa.

SÓ PRA VOCÊ

Esse mesmo processo pode ser feito com outras gorduras como de bacon, de pato, etc.

MAIONESE Pistache

54 PEDRAS DE IOGURTE
OUTROS - NITROGÊNIO LÍQUIDO

- *150ml de iogurte de morango*
- *150ml de iogurte de maracujá*
- *150ml de iogurte grego tradicional*
- *2 litros de nitrogênio líquido*

1. Coloque o nitrogênio no recipiente próprio para ele.
2. Coloque o iogurte de morango em um recipiente e o de maracujá em outro.
3. Com uma colher medidora, coloque uma bolinha de iogurte grego no nitrogênio para congelar um pouco e retire.
4. Ao tirar do nitrogênio, espete rapidamente em um palito fino e pontudo e mergulhe no iogurte de morango. Volte ao nitrogênio líquido rapidamente.
5. Retire e mergulhe no iogurte de maracujá.
6. Repita o processo até estar na espessura desejada.

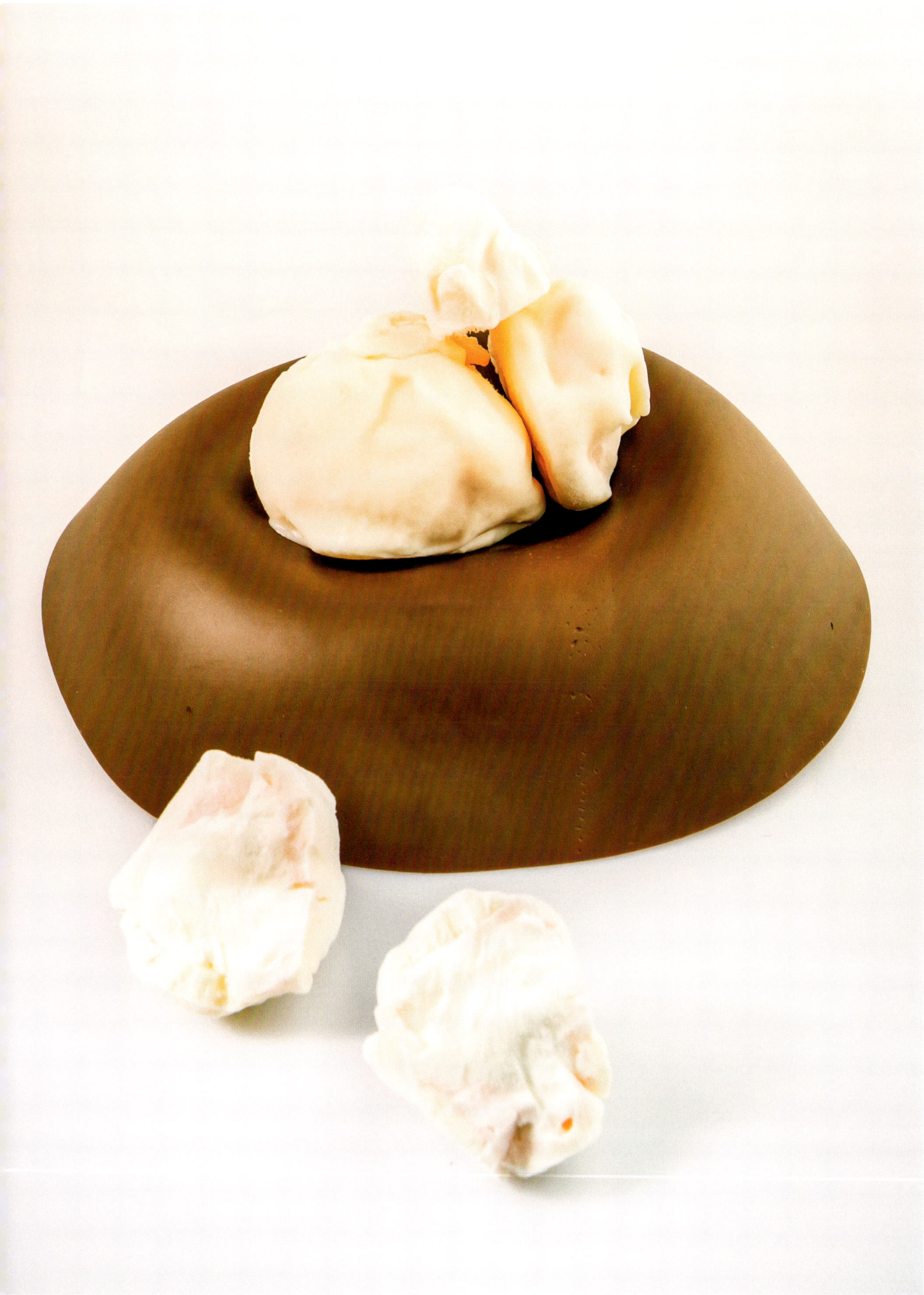

55 | SORVETE DE CAIPIROSCA DE MARACUJÁ
OUTROS - NITROGÊNIO LÍQUIDO

- *200ml de vodka*
- *100ml de água*
- *100ml de maracujá*
- *70g de açúcar*
- *2 litros de nitrogênio líquido*

1. Misture todos os ingredientes (exceto o nitrogênio líquido) e coloque em um bowl de metal na batedeira.
2. Ligue em velocidade baixa e vá colocando o nitrogênio aos poucos, no centro do bowl.
3. Quando começar a empedrar, aumente a velocidade da batedeira e diminua novamente.
4. Retira o processo até estar no ponto desejado.
5. Sirva imediatamente ou coloque o congelador até a hora de servir.

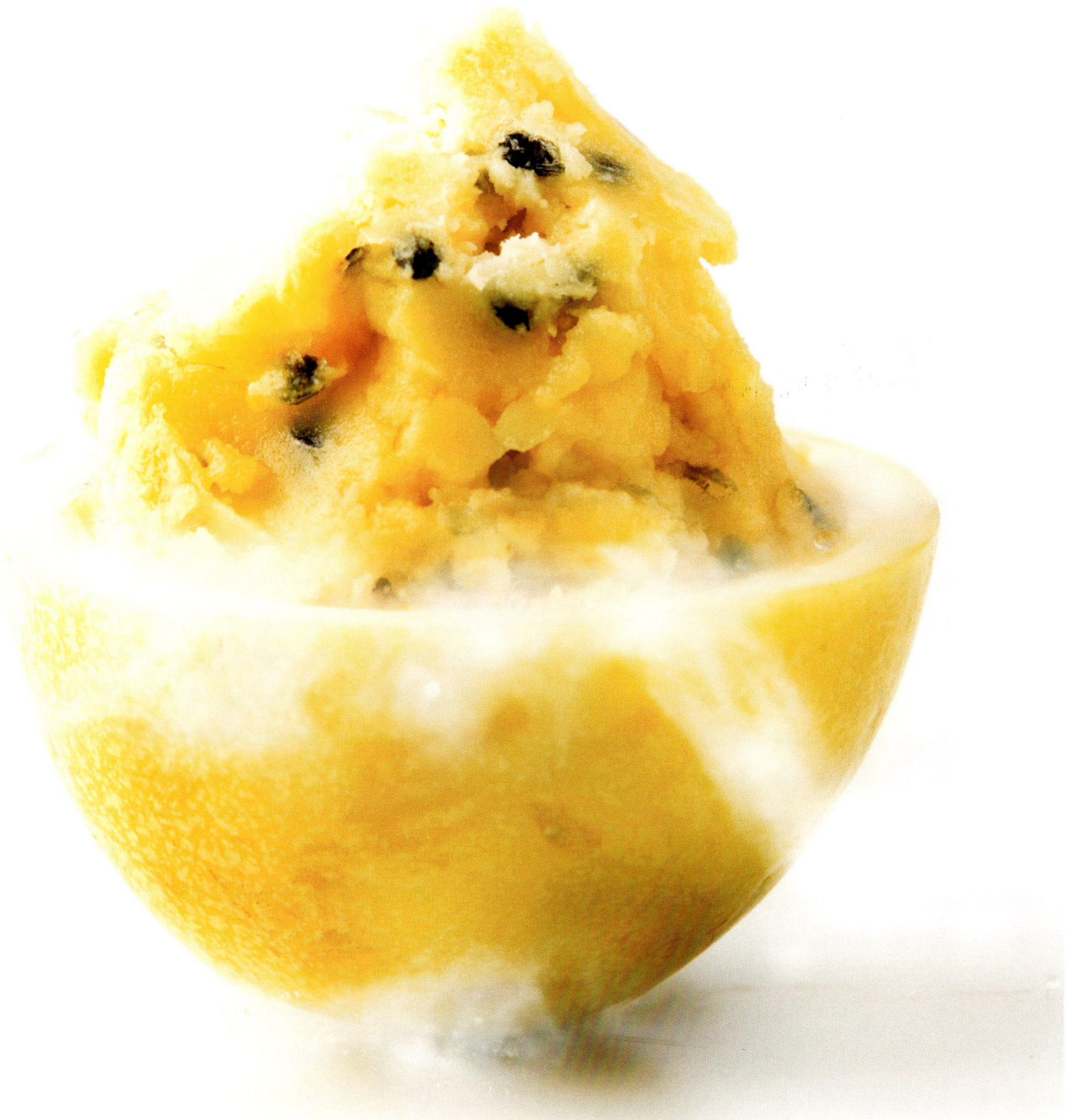

56 | MORANGO COM AÇÚCAR EXPLOSIVO
OUTROS - AÇÚCAR EXPLOSIVO

- *10 morangos grandes*
- *100g de creme de avelã*
- *100g de açúcar explosivo*

1. Higienize e seque bem os morangos.
2. Passe uma camada de creme de avelã em metade do morango.
3. Cubra o creme de avelã com o açúcar explosivo e sirva imediatamente.

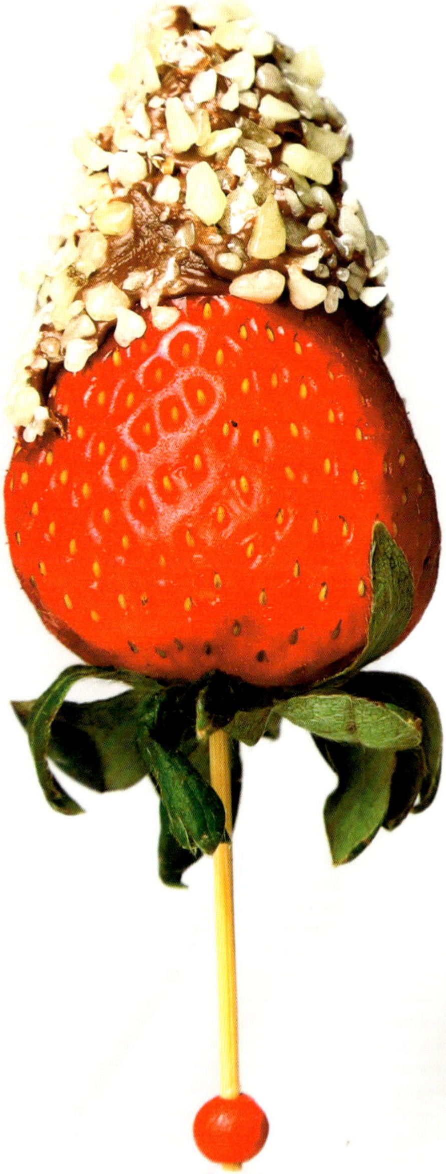

57

ESTALINHOS DE CHOCOLATE

OUTROS - AÇÚCAR EXPLOSIVO

- *250g de chocolate meio amargo*
- *100g de açúcar explosivo*

1. Tempere o chocolate da maneira desejada.
2. Junte o açúcar aos poucos, sem mexer muito.
3. Deixe esfriar um pouco e quando estiver começando a endurecer, forme os estalinhos.
4. Deixe endurecer e sirva.

ESTALINHOS de Chocolate

58 | CHIPS DE SALMÃO
OUTROS

- *100g de pele de salmão limpa*
- *Óleo para fritura*
- *Sal*

1. Limpe a gordura do salmão e cortar em pedaços.
2. Coloque os pedaços em uma embalagem à vácuo e leve ao termocirculador a 85°C por 4 horas.
3. Retire e coloque em uma desidratadora a 55°C por 5 horas.
4. Aqueça o óleo a 180°C e frite rapidamente as peles.
5. Salpique sal e sirva da maneira desejada.

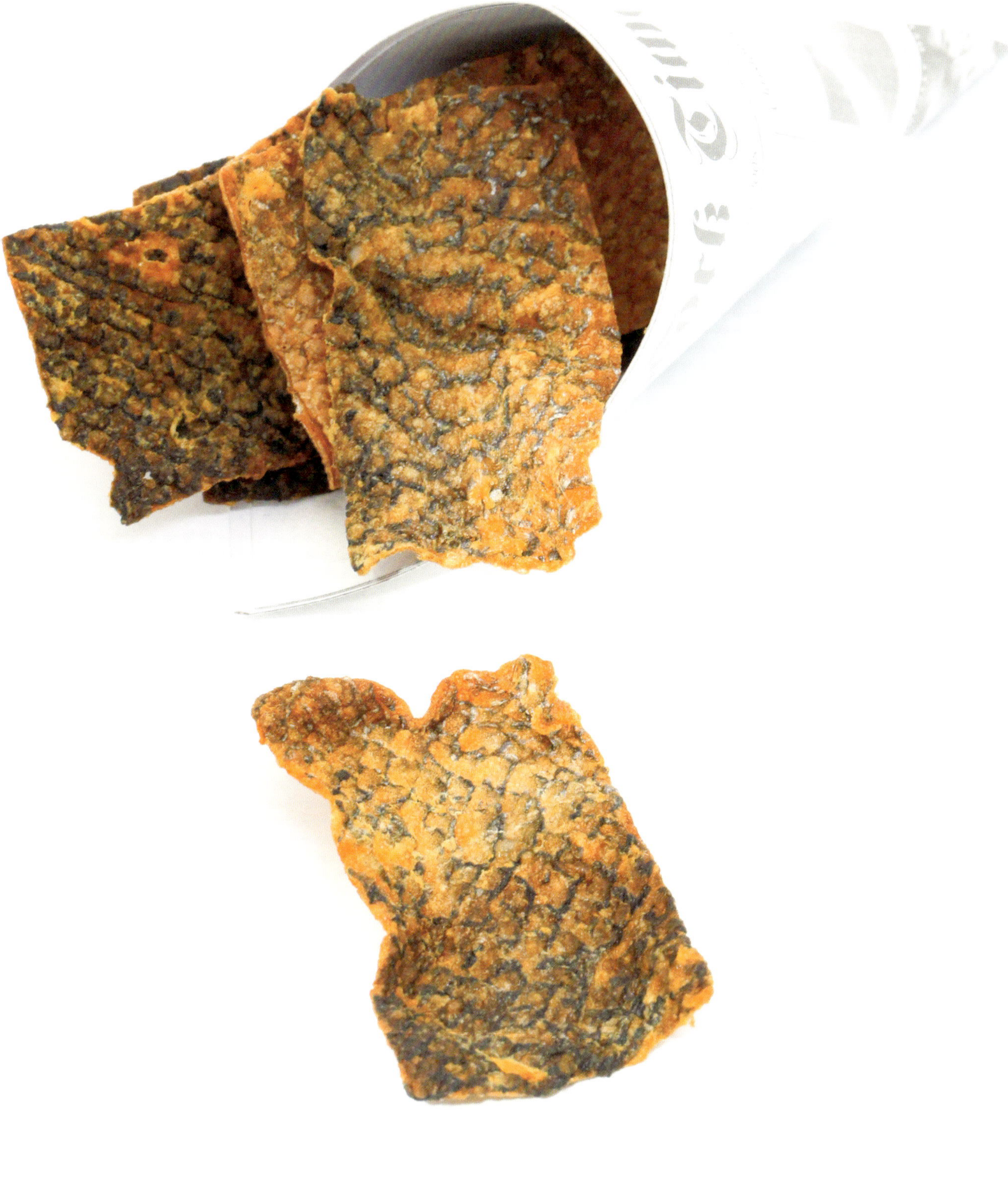

GLOSSÁRIO

A

Ácido – Produto com organoléptica característica devido a sua tendência a ceder íons de hidrogênio. Tem acidez que pode ir do pH 0 ao pH 7 (alimentação de 2,5 a 7). Na cozinha, pode-se acentuar o sabor ácido com cítricos (ácido cítrico), fermentados (ácido acético) ou com ácido málico das maçãs.

Açúcar invertido – Açúcar (sacarose) que, por ação ácida ou microbiana, se decompôs em glicose (dextrose) e frutose (levulose). Apresenta-se em líquido espesso.

Agar-Agar – Aditivo, carboidrato tipo fibra utilizada como gelificante. Por suas propriedades, é um hidrocolóide. Extraído de algas vermelhas tipo *Gelidium e Gracilaria* mediante tratamento físico-químico.

Água – Composto químico de fórmula H_2O, que indica que é formado por hidrogênio e oxigênio. Faz parte de quase todos os alimentos, com exceção dos óleos, sais e açúcares.

Albumina – Proteína complexa de tipo globular que faz parte de determinados alimentos como clara de ovo (ovalbumina), leite (lactoalbumina), sangue (albumina sérica), etc. Pode ser utilizada como gelificante e emulsionante. Produto encontrado em pó (ovalbumina, lactoalbumina, seroalbumina) ou contelado (ovalbumina). A albumina de clara de ovo é utilizada na clarificação de caldos. Suas propriedades emulsionantes e gelificantes são usadas na cozinha (merengues, etc.) Produz-se o coalho entre 70°C e 90°C ou por meio de ácidos.

Alginato de Sódio – Sal orgânico derivado de carboidratos tipo fibra, utilizado com aditivo gelificante, espessante e estabilizante. Por suas propriedades é um hidrocolóide. É extraído pelo tratamento de algas encontradas em mares e oceanos de águas frias.

Amido – Carboidrato complexo (polissacarídeo) digerível. Pertence ao grupo dos glicosídeos e, portanto, é formado só por cadeias de glucose que podem estar dispostas de forma linear (amylose) ou ramificadas (amilopectina). Por suas propriedades, é um hidrocolóide. É extraído a partir de cereais como trigo e milho, e também por tubérculos como batata e tapioca.

Antioxidante – Produto que evita a oxidação dos alimentos com essa tendência.

Aroma – Percepção recebida pelo olfato, por via retronasal, ao captar substâncias voláteis que proporcionam um determinado cheiro que estimula o olfato.

Átomo – Componente elementar da matéria, a menor unidade de um elemento químico que conserva as propriedades deste elemento.

B

Bloom - Medida do poder gelificante de um produto. Mede-se com um aparelho chamado gelômetro Bloom. Aplica-se bastante no caso das gelatinas de rabo de peixe.

Brix – Medida da quantidade de açúcares existentes num alimento liquidificado.

C

Cálcio – Elemento químico metálico componente de certos sais minerais.

Carragenas – Carboidratos tipo fibra utilizado como aditivos gelificantes, espessastes e estabilizantes. Por suas propriedades, são hidrocolóides.

Carvão vegetal ativado – Carvão utilizado em ossos medicinais pela sua capacidade absorvente. Existe à venda em farmácias ou lojas de produtos dietéticos, em pastilhas ou em cápsulas.

Centrífuga – Aparelho que separa por decantação as partículas mais densas e pesadas de um determinado líquido.

Clarificar – Ação de retirada das partículas que turvam um líquido. Pode ser feita através de filtração, decantação ou centrifugação.

Clorofila – Aditivo corante utilizado pela coloração verde que proporciona. É um pigmento natural das plantas verdes formado por um grupo porfirítico com magnésio e outros componentes. Variantes estabilizadas são consideradas aditivos corantes e são utilizadas pela cor verde que conferem.

Coagular – Ação através da qual grandes conglomerados de moléculas presentes num líquido se aglutinam em forma de sólido gelatinoso, o que pode facilitar a separação entre esse sólido e o restante do líquido.

Colágeno – Proteína que tem propriedades emulsionantes, aeradoras e gelificante.

Coloides – Dispersão de moléculas muito grandes ou de agregados num líquido, normalmente aquoso, no qual não se dissolvem, embora isso não seja muito visível à primeira vista. A mistura costuma ser notavelmente mais viscosa que a água.

Corante – Substância capaz de conferir a outras uma coloração determinada, seja porque ela mesma a possui, seja porque pode produzi-la em certas condições.

D

Degustação – Ação de apreciar, através dos sentidos, a qualidade de um produto ou suas características.

Desidratação – Ação pela qual se extrai parcialmente ou totalmente a água de um alimento com a finalidade de conseguir novas formas, texturas, etc. e obter um produto mais leve, ou ainda para a sua conservação.

Dextrina – Carboidrato derivado do amido, é utilizado como complemento de açúcares.

Dispersão – Sólido, líquido ou gás contendo um outro material uniforme repartido na sua massa, mas não dissolvido.

Dióxido de carbono – Composto químico inorgânico (CO_2) que é utilizado como aditivo conservante e gaseificante.

E

Edulcorante – Composto químico que produz gosto doce.

Emulsão – Dispersão coloidal de dois líquidos não miscíveis. Exemplos: a gordura e a água no leite, as maioneses, que são gotas de óleo dispersas na água, etc.

Espessantes – Produtos que aumentam a viscosidade de um alimento em estado líquido. Por suas propriedades, são hidrocolóides.

Espumas – Gastronomicamente, segundo nomenclatura utilizada para designar as elaborações criadas no restaurante El Bulli, uma espuma é uma elaboração de textura variável, geralmente muito leve, obtida a partir de um purê ou um líquido gelatinoso que se introduz no sifão. Também recebem o nome de "espumas" outras elaborações que se realizam no sifão, mesmo com o acréscimo de outros ingredientes (clara, gema de ovo, crema de leite, gorduras, fécula, etc.). Podem ser frias ou quentes.

Essência – Produto aromático extraído de uma planta por destilação de água (arrasto por vapor de água) ou por infusão e que é responsável pelo aroma das plantas.

F

Fermentação – Transformação química levada a cabo por micro-organismos (bactérias e fungos) em combinação habitualmente com carboidratos para originar álcoois ou ácidos. Há exceções, como, por exemplo, a fermentação maloláctica do vinho.

G

Gaseificantes – Produtos ou misturas que liberam gases e, como consequência deste fato, propiciam o aumento do volume do alimento.

Gases – Aditivos alimentares que se encontram em estado gasoso nas temperaturas habituais de consumo dos alimentos.

Gastronomia Molecular – Termo criado no mundo da ciência, cunhado em 1988 por Nicolas Kurti e Hervé This, para denominar o estudo dos fenômenos físicos e químicos que se produzem numa cozinha.

Gelificantes – Produtos que atribuem uma textura a um alimento mediante a formação de um gel. Por suas propriedades, pertencem a família dos hidrocolóides.

Glicerol – Também conhecido como glicerina, é um composto orgânico da família dos álcoois, que é líquido em temperatura ambiente. Tem textura viscosa e sabor ligeiramente doce. É utilizado na confeitaria pelas suas propriedades viscosas e antiaderentes.

H

Hidratação – Aumento do conteúdo de água de um produto.

Hidrocolóide – Proteína ou carboidrato complexo (polissacarídeo) que tem a capacidade de absorver água, provocando a formação de géis ou o espessamento de um produto liquidificado ou líquido.

Hidrofílicas - São aquelas que tem afinidade com a água. São compostos polares, capazes de interagir com os dipolo da água, sendo portanto, solúveis na água. Exemplo: etanol.

Hidrofóbicas - São aqueles que não interagem com a água sendo insolúveis na mesma; são apolares e solúveis em óleos e gorduras. Exemplo: ácido graxos de cadeia longa e hexano.

I

Íon – Átomo ou grupo de átomos com carga elétrica positiva ou negativa.

L

Liofilização – Técnica que tem como objetivo retirar toda umidade de um alimento, preservando ao máximo seu sabor.

Liofilizador – Aparelho que permite desidratar produtos e elaborações por sublimação (passagem direta do estado sólido para o gasoso).

M

Maillard – Conjunto muito complexo de reações químicas entre aminoácidos e carboidratos, como consequência da aplicação de alta temperatura (na chapa, forno, brasa, refogado, etc.) a alguns alimentos, dando-lhes uma coloração marrom e um sabor característico.

Matizes gustativas – Notas gustativas determinadas e conhecidas, sem contar os gostos básicos. Alguns tipos são, ácido, balsâmico, adstringente, rançoso, iodado, defumado, picante e metálico.

Melanina – Pigmento escuro presente em frutas e verduras quando se tornam marrons, bem como em alguns animais.

Molécula – Agrupamento definido de átomos, unidos por ligações químicas mais ou menos estáveis.

N

Nitrogênio – Elemento. Gás componente majoritário do ar (78%). Utiliza-se como aditivo conservante.

Nitrogênio líquido – Elemento que acima de -196°C é um gás, e que mantido a temperaturas entre -196°C e -210°C permanece em estado líquido.

O

Odor – Sensação organoléptica produzida por partículas voláteis ao entrar em contato com o órgão do olfato.

Óleo essencial – Óleos extraídos normalmente de plantas aromáticas, compostos por uma mistura de substâncias voláteis. São utilizados na área alimentar pelos sabores e aromas intensos que conferem aos preparados.

Organoléptico – Capacidade que um alimento possui de produzir um efeito nos sentidos (visão, olfato, tato, paladar e audição), de maneira que o percebemos, o distinguimos e o apreciamos.

Osmose – Processo pelo qual a água passa, através de uma membrana permeável, de uma solução mais diluída a uma mais concentrada, tendendo a equilibrar as concentrações em ambos os lados da membrana.

Oxidação – Processo pelo qual os alimentos, em contato com o ar, vão envelhecendo e perdendo suas propriedades iniciais. Isso se deve a uma perda de elétrons por parte de uma molécula ou íon (átomo ou grupo de átomos com carga elétrica), que os cede a outra, mudando as características de ambas.

Oxigênio – Elemento; gás componente no ar (21%) e responsável pelas oxidações alimentares, Como aditivo (E-948) é utilizado para provocar oxidação internacionais e controladas.

P

Pasteurização – Submissão de um líquido à ação da temperatura para eliminar os micro-organismos patogênicos ou reduzir sensivelmente sua quantidade.

pH – Medida do grau de acidez de um produto em dissolução aquosa.

Pipeta – Utensílio, geralmente de vidro, utilizado para medir com exatidão pequenos volumes de líquidos.

Proteínas – Moléculas existentes nos organismos com uma grande variedade de funções. Muitas das características culinárias dos alimentos resultam da forma como as proteínas são alteradas ou atuam nos processos culinários.

R

Ranço – Matiz organoléptico provocado pela alteração química das gorduras.

Rotavapor – Aparelho que, aplicado à alimentação, permite obter destilados de água ou álcool.

S

Sabor – Característica gustativa e olfativa que são percebidas na boca e por via retronasal, que permitem identificar cada alimento.

Sublimação – Passagem do estado sólido para o gasoso diretamente, sem passar pelo estado líquido.

Sal Maldon – Sal de origem inglesa geralmente utilizado em alta cozinha. Forma cristais em forma de escamas, ideais para a finalização de pratos. É pouco higroscópico, o que facilita a sua utilização e conservação na cozinha.

Sinérese – Processo de expulsão de água do interior de um gel.

T

Textura – Propriedades físicas (densidade, viscosidade, tensão artificial, dureza, etc.) de um produto alimentar que determina algumas características perceptíveis aos sentidos, sobretudo para o tato.

U

Umâmi – Um dos gostos básicos, segundo a divisão desses gostos elaborada no Japão. Associa-se com uma sensação mineral (salgada) na boca devido a presença de sódio.

ONDE ENCONTRAR

A **Gastrô Brasil**, empresa especializada em ingredientes, utensílios e equipamentos para gastronomia moderna, além de cursos sobre o tema, oferece uma vasta quantidade de produtos:

- **Aditivos/Texturas** - Alginato, gluconolactato, agar, metil, goma xantana, lecitina, transglutaminase, pectina, Kappa, Iota, gelano, ácido cítrico, dextrose, isomalt, açúcar explosivo, gelatina em folhas, obulato, amido de milho modificado, glicose em pó, xarope de glicose, Ultra-Sperse e maltodextrina N-Zorbit.

- **Lio Sabores (liofilizados)** - Banana, morango, framboesa, manga, jaca, coco caramelizado, milho, batata doce, beterraba e gengibre.

- **Utensílios** - Pinça de chef, espátula de empratamento, colher de esferificação, colher medidora, bisnaga 3 bicos, abridor de ovos, colher para quenelle, molde para espaguete, latinhas de sardinha descartáveis e molde para batom.

- **Equipamentos** - Defumadores, sifão para espuma, cápsulas de gás, garrafa para soda e acessórios iSi.

www.gastrobrasil.com.br

REFERÊNCIAS

ACHATZ, G. *Alinea*. Emeryville, CA: Ten Speed Press, 2008.

ADRIÀ, F. *Las Espumas*. ICC - International Cooking Concepts, 2004.

ADRIÀ, F. *Los Segretos de El Bulli*. Grandes Obras de la Gastronomia, Ed. Altaya, 1998.

ALICIA & ELBULLITALLER. *Léxico Cientifico-Gastronomico*. Ed. Senac, 2008.

ALICIA|CETT. *Aparatos y utensilios a la cozina professional*. Tallers Grafics Soller SA, 2011.

Apostila Solegraells Guzman. Barcelona, ES, 2014.

BLUMENTHAL, H. *Heston Blumenthal At Home*. Bloomsbury, 2011.

BLUMENTHAL, H. *The Fat Duck Cookbook*. Bloomsbury, 2008.

CAZOR, A; LIÉNARD, C.; ALINAT, G. *Molecular Cuisine: Twenty Techniques, Forty Recipes*. CRC Press, 2012.

EMBORG, R. *The Wizard's Cookbook*. Narayana Press, 2013.

GARCIA, L. P. Liofilização aplicada a alimentos. 2009. 45p. Trabalho Acadêmico (Graduação Bacharelado em Química de Alimentos) - Universidade Federal de Pelotas. Pelotas, RS, 2009.

KLEIN, J. G. *L'Alchimie des* élements. Éditions de La Martinière, 2010.

KOPPMANN, M. *Manual de Gastronomia Molecular:* el encuentro entre la ciencia y la cocina. Siglo Veintiuno Editores, 2011.

MANS, C. *Sferificaciones y macarrones:* la ciencia en la cocina tradicional y moderna. Editorial Planeta S.A, 2014.

MOLECULE-R. *Molecular Gastronomy by Molecule-R*. Molecule-R Flavors Inc., 2013.

MOURA, J. *Cozinha com Ciência e Arte*. Bertrand Editora, 2011.

MYHROLD, N.; YOUNG, C.; BILET, M. *Modernist cuisine*. Livros 1, 2, 3, 4 e 5. The Cooking Lab, 2011.

SANCHES, J. *Molecular Gastronomy:* Scientific Cuisine Demystified. Wiley, 2015.

SAVARIN, J.A.B. *The Physiology of Taste*. Merchant Books, 2009.

SHEPHERD, G.M. *Neuro Gastronomy*. Shepherd Columbia, 2012.

THIS, H. *De la science aux forneaux*. Pour la Science, 2007.

YOSSEF, J. *Molecular Gastronomy At Home: Taking Culinary physics out of the lab and into your kitchen*. Firefly Books, 2013.

MYHROLD, N.; YOUNG, C.; BILET, M. *Modernist cuisine*. Livros 1, 2, 3, 4 e 5. The Cooking Lab, 2011.

Sobre o livro

Formato 20 x 27 cm

Tipologia Designer e Rollerscript Rough (títulos)
Montserrat (textos)